Leitura e persuasão
princípios de análise retórica

COLEÇÃO **LINGUAGEM & ENSINO**

Análise e produção de textos Leonor W. Santos, Rosa C. Riche e Claudia S. Teixeira
A força das palavras Ana Lúcia Tinoco Cabral
A frase na boca do povo Hudinilson Urbano
A leitura dos quadrinhos Paulo Ramos
Leitura do texto literário Ernani Terra
Leitura e persuasão Luiz Antonio Ferreira
O texto publicitário na sala de aula Nelly Carvalho
Os sentidos do texto Mônica Magalhães Cavalcante
Preconceito e intolerância na linguagem Marli Quadros Leite
Texto, discurso e ensino Elisa Guimarães
Verbo e práticas discursivas Maria Valíria Vargas

Conselho Acadêmico
Ataliba Teixeira de Castilho
Carlos Eduardo Lins da Silva
Carlos Fico
Jaime Cordeiro
José Luiz Fiorin
Tania Regina de Luca

Proibida a reprodução total ou parcial em qualquer mídia
sem a autorização escrita da editora.
Os infratores estão sujeitos às penas da lei.

A Editora não é responsável pelo conteúdo deste livro.
O Autor conhece os fatos narrados, pelos quais é responsável,
assim como se responsabiliza pelos juízos emitidos.

Consulte nosso catálogo completo e últimos lançamentos em **www.editoracontexto.com.br**.

Leitura e persuasão
princípios de análise retórica

Luiz Antonio Ferreira

COLEÇÃO **LINGUAGEM & ENSINO**
Coordenação de Vanda Maria Elias

Copyright © 2010 do Autor

Todos os direitos desta edição reservados à
Editora Contexto (Editora Pinsky Ltda.)

Montagem de capa e diagramação
Gustavo S. Vilas Boas

Preparação de textos
Lilian Aquino

Revisão
Rosana Tokimatsu

Dados Internacionais de Catalogação na Publicação (CIP)
(Câmara Brasileira do Livro, SP, Brasil)

Ferreira, Luiz Antonio
Leitura e persuasão : princípios de análise retórica /
Luiz Antonio Ferreira. – 1. ed., 1ª reimpressão. –
São Paulo : Contexto, 2025.

ISBN 978-85-7244-478-1

1. Argumentação 2. Leitura 3. Língua e linguagem
4. Persuasão (Retórica) 5. Retórica 6. Retórica – História I. Título.

10-04703	CDD-808

Índice para catálogo sistemático:
1. Retórica 808

2025

EDITORA CONTEXTO
Diretor editorial: *Jaime Pinsky*

Rua Dr. José Elias, 520 – Alto da Lapa
05083-030 – São Paulo – SP
PABX: (11) 3832 5838
contato@editoracontexto.com.br
www.editoracontexto.com.br

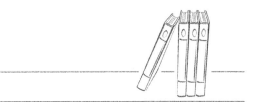

Sumário

Introdução 7

O espaço retórico 11
   O universo da *doxa* 11
   O discurso retórico 14

Brevíssima história da retórica 39
   Os deuses 39
   Os homens 40
   Górgias e os sofistas 41
   Platão 43
   Aristóteles 43
   Cícero 44
   Novas retóricas 45

Primeiros passos para a análise retórica 49

Passo 1: olhar inicial – o contexto retórico 52

Passo 2: o sistema retórico – a invenção 60

Passo 3: o sistema retórico – a *dispositio* 109

Passo 4: o sistema retórico – a *elocutio* 116

Passo 5: o sistema retórico – a *actio* 138

A lógica do verossímil 145

Argumentos quase lógicos 149

Argumentos baseados na estrutura do real 162

Argumentos que fundamentam a estrutura do real 166

Bibliografia 169

O autor 171

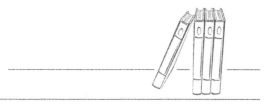

Introdução

A palavra é mesmo uma entidade mágica. Fugidia, ela nos faz perseguir um sentido. Às vezes, se esconde e não nos permite entendê-la em plenitude, mas, ainda assim, nos arrebata, encanta, envolve e toma conta de nossos corações e mentes. Assim é a letra da canção que, vestida de música, se aloja em nós e ecoa suave no nosso ser. Assim é o poema, a frase no *outdoor*, a palavra inesperada do amigo e o discurso envolvente do autor de um livro: fazem barulho em nós, revestem-se de poesia e tocam tão profundamente que não conseguimos mais ser os mesmos depois daquele instante. As palavras realmente encantam. E não importa a roupa que usem: se revestidas de pompa, podem esconder enorme simplicidade; outras vezes, sob a veste simples do dia a dia, trazem ensinamentos profundos. Provérbios, *slogans,* frases que alimentam a crônica aparentemente despretensiosa podem possuir um ritmo irresistível, trazer a metáfora arrebatadora, seduzir e... persuadir.

A forma como tratamos a palavra pode ser fundamental para encontrar o caminho da persuasão. Podemos dizer que a inteligência dos sábios merece admiração ou resumir a frase em "A sabedoria cala". Podemos discorrer longamente sobre a importância e o sentido da argumentação ou fazer como Reboul (1998: 114) e dizer: "Se o argumento é o prego, a figura é o modo de pregá-lo". Se não queremos fazer algo, é possível ficar meia hora justificando ou terminar o assunto com algo como "É mais fácil nevar no sertão do Ceará em dezembro do que você me obrigar a proceder assim".

Alegramo-nos intensamente por termos ouvido uma palavra que conforta ou choramos em desconsolo porque alguém nos disse o que disse. Praticamente tudo pode ser representado pela linguagem: o ódio e o amor, a raiva e a calma, o poder e o medo, a esperança e o desespero, o perdão e a culpa, a alegria e a tristeza. Às vezes jocosa, ela mistura os sentimentos só para provocar o sorriso em nós. Não raro, investida de argumentos, requer raciocínios e raciocínios só para mostrar-se convincente. Tem seus caprichos! A retórica os conhece e permite desvendá-la em muitos momentos.

Este é um livro que lida com a potência das palavras. Por ser simples, pretende apenas ressaltá-las no contexto da retórica. Por ser didático, vale-se de perguntas ao texto para obter respostas que ajudem a desvendar o discurso. Por ser curto, possui muitas lacunas, mas conta com a generosidade dos colegas especialistas para que, em sala de aula, se torne vigoroso e útil. Foi feito para iniciantes na arte da análise retórica e, com esse propósito, vem à luz. Vem também como um abraço terno a todos os meus alunos que pediram, durante tanto tempo, que nossas conversas fossem traduzidas em palavras escritas. Por fim, é um texto – lugar de interação de sujeitos sociais – e, por isso, compartilho a autoria com todos aqueles que me derem a honra de lê-lo.

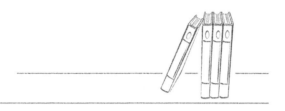

O espaço retórico

O universo da *doxa*

Achado não é roubado. Será que não?

Se você fosse uma velha senhora e descobrisse que, por um terrível engano, jogara cinquenta mil dólares no lixo, processaria um vizinho desempregado que, repentinamente e na mesma época da perda, enriquecera com um dinheiro achado também no lixo?

Se você fosse esse homem desempregado, como argumentaria a seu favor?

Se você fosse um vizinho e o chamassem para opinar sobre o caso, daria razão a um ou a outro? Por quê?

Se você fosse o advogado do homem que encontrara o dinheiro no lixo, aceitaria que seu cliente fosse processado por "fraude"?

Somos seres retóricos

Com certeza, várias serão as respostas para essas questões e, cada personagem, em função de sua posição nessa história, apresentará um discurso diferente. Todos defenderão com ardor as "suas" opiniões e irão valer-se da língua como um lugar de confronto das subjetividades. Provavelmente, chamarão seus pontos de vista de "razão" e suas "razões" de "verdade".

Enfim, somos *seres retóricos*. Por termos crenças, valores e opiniões, valemo-nos da palavra como um instrumento revelador de nossas impressões sobre o mundo, de nossos sentimentos, convicções, dúvidas, paixões e aspirações. Pela palavra, tentamos influenciar as pessoas, orientar-lhes o pensamento, excitar ou acalmar as emoções para, enfim, guiar suas ações, casar interesses e estabelecer *acordos* que nos permitam conviver em harmonia:

Fonte: *O Estado de S. Paulo*, 26 mar. 2005.

Somos também, pela palavra, construtores sociais, sujeitos ativos que, de um modo ou de outro, se revelam no convívio com as pessoas. No texto, lugar de interação e de comunicação entre interlocutores, buscamos construir sentidos que, depois, serão interpretados e constituirão nosso discurso e o do outro. Agimos retoricamente quando nos valemos do discurso para descrever, explicar e justificar nossa opinião com o objetivo de levar o outro a aceitar nossa posição. Como oradores, somos influenciadores e demonstramos a realidade sob certos ângulos, justificamos nossa posição em termos aceitáveis para conquistar a adesão de nosso interlocutor, para propor uma nova visão da realidade, para ajustar nossos interesses à sensibilidade e interesses de quem nos ouve. Como auditório, aceitamos ou não a visão de realidade exposta pelo orador, verificamos se a construção retórica é ou não interessante, justa, bela, útil ou agradável suficientemente para que concordemos com o que nos foi exposto.

Quem é o dono da verdade?

Como se pode perceber pelas respostas dadas às questões que iniciaram o capítulo, há mesmo uma dimensão problemática da existência, reforçada e comandada pela força dos valores e das paixões.

A *doxa*

Deparamo-nos, frequentemente, com acontecimentos que exigem um posicionamento, uma exposição clara de nossas convicções sobre o assunto. Tomar uma decisão final, porém, nem sempre é fácil, justamente porque o campo da reflexão se vincula à ideia de problematicidade, ao universo da *doxa*, em que se digladiam as várias opiniões. Levar o outro a concordar com nossas opiniões, conseguir adesão exige muita reflexão prévia e competente articulação discursiva, uma vez que o sentido pretendido se multiplica na mente dos interlocutores, uma vez que o "certo", embora exista em essência, não possui um rigor estritamente natural, mas pode ser construído em função de uma série de fatores ligados às múltiplas relações que os homens mantêm entre si.

Muito comumente, quando precisamos defender uma ideia, valemo-nos da argumentação. Argumentar é o meio civilizado, educado e potente de constituir um discurso que se insurja contra a força, a violência, o autoritarismo e se prove *eficaz* (persuasivo e convincente) numa situação de antagonismos declarados. Argumentar implica demonstrar ideias para clarear no espírito do outro nossa posição diante de um assunto polêmico. Como afirma Perelman, "o campo da argumentação é o do verossímil, do plausível, do provável, na medida em que este último escapa às certezas do cálculo" (1996: 1).

O discurso retórico

Ao ressaltar a possibilidade de explorar discursivamente o verossímil, o autor belga nos remete a Aristóteles, que apregoava a possibilidade de uma dialética que levasse em conta a verdade e a aparência de verdade, isto é, uma representação da verdade que se alimenta do polêmico, dos conhecimentos prováveis, aqueles que nascem quando não há certezas ou evidências lógicas. Em função dessa representação, as opiniões se tecem e se configuram em crenças, em valores que condicionam as relações sociais, políticas e econômicas. Nesse espaço do dizer, em que a habilidade no manejo do discurso se impõe potentemente para que o orador consiga mover seu auditório a favor de suas causas, habita a *retórica*.

> O *discurso retórico* se configura pela intenção de persuadir um auditório que se encontra diante de uma questão polêmica.

A primeira função da retórica, portanto, advém de seu conceito mais antigo: persuadir. Para obter seu intento, o orador vale-se de meios racionais e afetivos, pois, em retórica, razão e sentimento se amalgamam num complexo inseparável. O termo *persuadir* origina-se de *persuadere* (per + suadere). *Per,* como prefixo, significa "de modo completo". *Suadere* equivale a "aconselhar". É, pois, levar alguém a aceitar um ponto de vista, é não se valer da palavra como imposição, mas, sim, de modo habilidoso. Persuadir contém em si o convencer (*cum* + *vincere*), que equivale a vencer o opositor com sua participação, persuadir o outro por meio de provas lógicas, indutivas ou dedutivas. Apenas por motivos didáticos, adotaremos, neste volume, uma distinção entre os dois termos:

> **Persuadir**: mover pelo coração, pela exploração do lado emocional, coordenar o discurso por meio de apelos às paixões do outro.
> **Convencer**: mover pela razão, pela exposição de provas lógicas, coordenar o discurso por meio de apelos ligados ao campo da racionalidade.

Como o *discurso retórico* se dirige ao homem, no sentido mais amplo, a *persuasão* leva em conta a dotação humana das faculdades, sentimentos, impulsos, paixões e busca fundir em si três ordens de finalidade:

> **Docere**: ensinar, transmitir noções intelectuais, conven-
> cer. É o lado argumentativo do discurso.
> **Movere**: comover, atingir os sentimentos. É o lado emotivo
> do discurso, aquele que movimenta as paixões humanas.
> **Delectare**: agradar, manter viva a atenção do auditório.
> É o lado estimulante do discurso, aquele que movimenta
> o gosto.

Em resumo, onde não existem certezas marcadas pelo estritamente científico, há mesmo um mundo de conflitos, de opiniões divergentes, contraditórias, de valores mutáveis. É nesse espaço discursivo que a *retórica* se instala e se alimenta: no mundo das *verdades contingentes*.

Fundamentalmente, os meios de persuasão se condicionam em duas grandes ordens: a exploração da razão e da afetividade. Movimentar discursivamente esses meios implica, para Aristóteles, uma faculdade de natureza teórica:

> Assentemos que a retórica é a faculdade de ver teorica-
> mente o que, em cada caso, pode ser capaz de gerar a
> persuasão. (Aristóteles, s/d I: 2)

A partir desse conceito, modernos estudiosos da retórica ressignificam o termo, de acordo com suas áreas de interesse investigativo:

> O objeto dessa teoria é o estudo das técnicas discursivas
> que permitem provocar ou aumentar a adesão dos es-
> píritos a teses que se lhes apresentam ao assentimento.
> (Perelman, 1996: 4)

> A retórica é a negociação da distância entre os homens a propósito de uma questão, de um problema. (Meyer, 1998: 27)

Todos os conceitos admitem a presença de:
- **um orador**: simbolizado pelo *ethos*. Para Aristóteles, o orador tem credibilidade assentada no seu caráter, na sua virtude, na sua honra, na confiança que lhe outorgam;
- **um auditório**: simbolizado pelo *pathos*. Para movê-lo, é necessário comovê-lo, seduzi-lo, convencê-lo a partir de um acordo, de um casamento de interesses centrado nas crenças e paixões do auditório;
- **um discurso**: simbolizado pelo *logos* (a palavra, a razão). O discurso pode revestir-se de diversas tipologias, numa dependência direta da questão subjacente ou expressamente colocada.

O orador e o auditório

Se atentarmos para a tirinha a seguir, veremos que, pela fala das personagens, é possível levantar características ligadas à personalidade dos oradores, seus papéis sociais e comportamento retórico:

Fonte: *O Estado de S. Paulo*, 6 set. 2004.

Diante das inúmeras perguntas de Calvin, o pai faz uma opção pela ironia. Ser irônico denota um traço de caráter que se reflete numa posição discursiva. O menino, por sua vez, na procura de um acordo com os pais, assume, nas duas tiras, uma postura argumentativa e, sobretudo, demonstra sua preocupação com a validação do discurso: *quem diz?* Para Calvin, é importante que o texto tenha sido escrito por um autor premiado, pois o fato de ter sido reconhecido por várias instituições sociais é determinante para autorizar o dizer do escritor. Do mesmo modo, o menino procura o discurso autorizado ao indagar sobre o autor da orelha do livro. Essa atitude reflete uma postura comum a qualquer auditório: buscar a imagem do orador no discurso e a ela imputar ou não a propriedade de dizer o que diz da forma como diz.

O orador explora essa propriedade assegurada institucionalmente e a ela acrescenta, no discurso, traços de seu modo de ser, agir e de ver o mundo. A notícia a seguir deu origem às perguntas que estão no início deste capítulo. Observemos se o jornalista apresenta, de algum modo, uma tendência persuasiva para justificar uma personagem ou outra:

> Um desempregado argentino, que encontrou US$ 50 mil no lixo, está sendo processado por ter gastado o dinheiro. Paulo Altamirano, de 46, comprou uma casa, dois automóveis e uma pequena loja com o dinheiro encontrado há três meses, enquanto procurava no lixo algo para vender. Agora, uma mulher o denunciou à polícia, assegurando que esse dinheiro era seu e que o colocara no lixo por engano.
>
> "Não sou um delinquente, é a única coisa que posso dizer", disse Altamirano, de acordo com a agência DYN, em uma pequena cidade na província de Córdoba, no centro do país.

> Emília Mascoy de Aguirre, de 70 anos, é a dona de uma loja próxima ao lugar onde foi encontrado o dinheiro. Ela alega que uma de suas empregadas colocou as notas por engano no lixo depois de limpar um depósito onde estavam escondidas. Altamirano foi processado por fraude, mas seu advogado afirma que ele não roubou nada de ninguém.
>
> Fonte: http://noticias.terra.com.br/popular/noticias/0,,OI319703-EI1151,00-Homem+gasta+dinheiro+achado+no+lixo+e+e+processa do.html. Acesso em: 4 maio 2010.

Como não se dirige aos membros de um tribunal, que certamente submeteriam o texto aos termos da lei, o orador noticia para um auditório composto por leitores não especialistas no Direito. Não pretende, pois, um julgamento formal, mas um debate que ultrapasse os limites do legal e do ilegal e coloque em discussão as paixões e relações humanas.

O gênero notícia está no nosso dia a dia e, *grosso modo*, inspira credibilidade porque, em tese, por trás da notícia, há um jornalista, um cidadão autorizado pela instituição a que pertence para traduzir os acontecimentos do mundo aos seres comuns. Quando, como *auditório*, lemos um texto dessa natureza, que relata um acontecimento problemático, vemos manifestar-se a voz do profissional da notícia, a voz de um ser responsável pelo dizer, um suposto aliado que também supostamente nos relata um evento do mundo com a máxima neutralidade possível. Nesse sentido, em função de o auditório possuir um saber prévio sobre o orador, o jornalista, antes de dizer, já está dizendo.

Ethos retórico

Num jogo especular de representações, ao enunciar, o profissional da notícia leva em conta o conjunto de valores e crenças de seu auditório e sob essa perspectiva orienta seu discurso. Leva em conta também as limitações e liberdades características do gênero textual em que se propõe a concentrar o conteúdo a ser dito e, desse modo, a interação entre orador e auditório se efetua por meio da imagem que fazem um do outro, da adequação do discurso aos propósitos de um e aos anseios de outro.

A *eficácia* de um discurso vincula-se sobremaneira à autoridade atribuída ao orador. Nesse contexto, a posição do redator da notícia é bastante cômoda: sua fala se legitima por contar com essa representação cultural preexistente no auditório e se reafirma pelo discurso dos competentes – aquele que assegura o dizer pela fiança prévia de uma instituição (a universidade, a seriedade reconhecida da empresa em que trabalha) – e, por isso, enfim, aos olhos de seu auditório, tem discurso autorizado.

Em resumo, ao assumir a função de *orador*, o jornalista vale-se, previamente, de uma imagem positiva de si, de um *ethos* institucional, sustentado na crença da existência de uma competente responsabilidade profissional e goza de um *status*, reconhecido socialmente, que lhe assegura o dizer e reveste esse dizer de credibilidade.

Na *Arte retórica*, de Aristóteles, encontramos uma elaboração conceitual sobre a natureza do termo *ethos*:

> Obtém-se persuasão por efeito do caráter moral, quando o discurso procede de maneira que *deixa a impressão* de o orador ser digno de confiança. As pessoas de bem inspiram confiança mais eficazmente e mais rapidamente em todos os assuntos, de um modo geral; mas nas questões em que não há possibilidade de obter certeza e que se prestam a dúvida, essa confiança

reveste particular importância. É preciso também que este *resultado seja obtido pelo discurso* sem que intervenha qualquer preconceito favorável ao caráter do orador. (Aristóteles, s/d ɪ: 33, grifos nossos)

O *ethos* retórico, então, pode ser entendido como um conjunto de traços de caráter que o orador *mostra* ao auditório para dar uma boa impressão. Incluem-se nesses traços as atitudes, os costumes, a moralidade, elementos que aparecem na disposição do orador.

Não importa, pois, se o orador é ou não sincero: *a eficácia do* ethos *é distinta dos atributos reais de quem assume o discurso.* Como se infiltra na enunciação sem ser enunciado, são atributos do exterior que caracterizam o orador, mas há, no reconhecimento do *ethos* por um auditório, uma dinamicidade natural de confiança ou desconfiança que ganha corpo à medida que se desenvolve o movimento discursivo: o auditório, durante um ato retórico, age estrategicamente para dirigir e autorregular o plano da credibilidade que pode atribuir ao orador. Nessa perspectiva, as representações de mundo, a imagem prévia do locutor construída no imaginário social, a autoridade institucional angariada e a imagem de si projetada na construção discursiva contribuem para a consolidação do *ethos* do orador. O ato retórico, porém, é quem o consolida.

A natureza do auditório

Um discurso retórico não pode prescindir de um auditório: "Sempre se argumenta diante de alguém. Esse alguém, que pode ser um indivíduo ou um grupo ou uma multidão, chama-se auditório, termo que se aplica até aos leitores" (Reboul, 1998: 92-3). É o auditório que, como leitor ou ouvinte de um ato retórico, concentra toda a atividade do orador.

O discurso, por sua vez, nunca é um acontecimento isolado: nasce em outros discursos e aponta para outros, complementa ou opõe-se a outros que o precederam e cria uma referência para surgimento daqueles que virão depois. Como nunca está sozinho, o orador atua nos limites de uma área de valores aceitáveis e atribui aos membros do auditório algumas funções:

- **atuar como juízes**: aqueles que analisam uma causa passada ponderam sobre o justo, o legal e sobre o injusto, o ilegal, consideram a ética envolvida e, a partir da reflexão, condenam ou absolvem;
- **atuar como assembleia**: aqueles que, diante de uma causa que aponta para o futuro, refletem sobre o útil, o conveniente e sobre o prejudicial, o nocivo. A partir dessa ponderação, aconselham ou não a tomada de uma decisão;
- **atuar como espectadores**: aqueles que analisam a capacidade do orador no ato de louvar ou censurar algo ou alguém, no ato de versar sobre um tema do presente, atual, que causa interesse hoje e agora. Depois do discurso, os espectadores declaram se gostam ou não, se concordam ou discordam, se acham belo ou feio o que foi dito, da forma como foi dito, sem que, necessariamente, precisem tomar uma posição definitiva sobre o que foi exposto, ainda que o discurso possa ter causado profunda influência no auditório, possa ter posto em crise os valores vigentes. Discursos dessa natureza ligam-se ao agradar.

Evidentemente, essas posições não são rígidas e têm uma distinção puramente prática: apenas salientam a importância que o orador deve atribuir ao auditório. Concretamente, mostram a exigência de menor ou maior participação do auditório em função do grau de problematicidade da questão:

Quanto mais uma questão ou uma causa é certa, menos se impõe decidir: louvamos ou desaprovamos, aceitamos ou recusamos. A paixão e a opinião que a acompanha é então único juiz. Pronunciamo-nos em função daquilo que sentimos. Por contraste, quanto mais duvidosa uma questão é, mais precisamos deliberar e menos o outro é depositário da decisão e, assim somos confrontados ainda mais com uma problematicidade plural que devemos tomar sob a nossa responsabilidade sem descanso externo. (Meyer, 1998: 34)

Existe, naturalmente, no universo da *doxa*, uma *tensividade retórica*, característica da dinâmica da comunicação social: discordâncias relativas a conflitos de conceitos, choques semânticos, diferentes visões de mundo, diferenças ideológicas, crenças antagônicas... O orador competente, em princípio, exprime-se em consonância com as ideias do interlocutor, quer para concordar, quer para opor-se às teses do outro. Precisa também levar em conta o presente, o passado e o futuro da causa que defende, pois o auditório assume um papel preponderante nas decisões e envolve, no decidir, múltiplos fatores de qualquer natureza, tais como a moral, os valores em vigor, o bom-senso, os interesses pessoais e de grupo, a intensidade das paixões, a capacidade de discernimento daquilo que, na situação proposta, é conveniente, justo, legal, útil, nocivo, vergonhoso ou honrável.

O anúncio publicitário a seguir ilustra bastante bem uma construção retórica que leva em conta, primeiramente, os interesses e desejos do auditório:

O mundo tá ficando muito chato. Dá pra ser saudável e feliz ao mesmo tempo.

A vida anda cheia de "não coma isso", "não coma aquilo", "faça isso", "faça aquilo". Que chato. Dá pra ser saudável sem exagerar. Seja feliz. E para ajudar nessa felicidade tome um gole de Fruthos. Ele é feito com frutas colhidas com todo carinho e vai fazer o maior sucesso em sua casa.

Relaxa. Toma um Fruthos.

Fonte: http://sanfranfatosefitas.blogspot.com/2008/07/notas-sem-valor-monetrio-rpidas.html. Acesso em: 4 maio 2010.

Já na primeira frase, o anúncio entra em consonância com as concepções daqueles a quem pretende atingir: na sociedade contemporânea, dá-se imenso valor à saúde e à estética, recomenda-se ferozmente que se evite a ingestão de gorduras, enaltece-se (exige-se?) a "boa forma". Em função de nossos costumes, porém, carnes gordurosas e alimentos com alta dose de carboidratos fazem bem mais sucesso na mesa dos brasileiros do que as verduras e grelhados recomendados pelos médicos. Supostamente, entre os hábitos seculares que apuraram o prazer de se alimentar e o desejo de estarmos saudáveis e bonitos mora a infelicidade. A vontade se digladia com a "razão" e o resultado é o complexo de culpa: "Afinal, os médicos e nutricionistas têm discurso autorizado!".

Os publicitários, pela análise dos antecedentes da situação retórica e pela compreensão do discurso dominante, captaram bem uma vigorosa tendência social, construíram o discurso e vendem *felicidade*. O produto oferecido é apenas um suco mas, hiperbolizado, ganha uma potencialidade impossível de ser encontrada no próprio suco: concentrar em si a receita para conciliar dois desejos aparentemente antagônicos quando o problema é alimentar-se: ser saudável e ser feliz.

O consumidor é colocado diante de uma questão retórica implícita que se configura pela antítese: *Você prefere ser feliz ou infeliz? Saudável ou doente? Belo ou feio?* Essa questão joga com valores sociais, associa a beleza ao tamanho do corpo (*Prefere ser magro saudável ou gordo doente?*), movimenta as paixões do auditório (*movere*) e confronta os desejos do auditório com a razoabilidade da proposta (comprar o suco).

Os publicitários, num movimento discursivo primordial em retórica, explicitam claramente o desejo de estabelecer um *acordo* com o auditório: "O mundo tá ficando muito chato." Reforçam essa ideia ao explorar a polissemia contida em "andar cheio" (estar satisfeito/ter em demasia/estar cansado de/ não suportar mais): A vida *anda cheia* de "não coma isso", "não coma aquilo", "faça isso". Além de acentuarem, como artifício persuasivo, uma figura de presença (pela repetição e desdobramento da ideia primeira: ser saudável e feliz), valem-se da anáfora para imprimir um padrão rítmico enumerativo (*não, não, não*) que acentua a "chatice" do mundo.

Construído em uma sequência muito mais psicológica do que lógica (é fácil observar que as frases poderiam ser colocadas em qualquer outra ordem, sem prejuízo do sentido), o texto é repleto de imposições imperativas (*pode ler, relaxa, toma um gole, seja feliz, conheça nossa linha light*) e de expressões afetivas e amplificadoras (*colhidas com todo carinho, fazer o maior sucesso*). Todos esses apelos pretendem, evidentemente, persuadir o consumidor a comprar a felicidade, a achar bom, justo e razoável comprá-la e aconselhável seguir a indicação feita pelo orador.

Em outros capítulos deste livro estudaremos mais profundamente como se arquiteta o raciocínio que sustenta esse discurso e como se constrói essa retórica comercial.

A função hermenêutica

Se, para alcançar a persuasão, é fundamental que o orador conheça bem seu auditório, por outro lado deve estar preparado para a crítica daqueles a quem se dirige. É prudente pensar que, em termos ideais, os ouvintes são capazes de analisar a força e a vulnerabilidade dos argumentos. Esse movimento em busca da compreensão do dito e do não dito mas possível de ser captado é interpretativo. Tanto para o orador quanto para o auditório, então, compete uma outra função da retórica: a *hermenêutica*. No dizer de Reboul:

> Para ser bom orador, não basta saber falar; é preciso saber a quem se está falando, compreender o discurso do outro, seja esse discurso manifesto ou latente, detectar suas ciladas, sopesar a força de seus argumentos e, sobretudo captar o não dito. [...] *Essa é a função hermenêutica da retórica, significando "hermenêutica" a arte de interpretar textos.* Na universidade atual, essa função é fundamental, para não dizer única. Não se ensina mais retórica como arte de produzir discursos, mas como arte de interpretá-los. (Reboul, 1998: xix, grifo nosso)

Nessa perspectiva, a retórica ganha outra dimensão: não é apenas uma arte que ensina a produzir bons textos, mas uma teoria que pretende ampliar a compreensão do discurso.

A construção do discurso

O *logos*

Na notícia – que se constrói tradicionalmente sob uma forma rígida (Onde? Quem? Como? Quando? Por quê?), e que lemos apenas para saciar nossa sede de informações sobre o mundo – não há propriamente argumentação em sentido estrito. Mas, como uma das características da linguagem, quando vista como ação, é ser dotada de uma orientação argumentativa, mesmo a notícia, vazada em linguagem ordinária, não impede a presença da subjetividade do autor, não impede que alguns vocábulos sejam empregados em detrimento de outros e, assim, marquem distinções significativas.

Todos os dias, ao lermos o jornal, em função do *ethos* institucional e da consequente "autorização" discursiva, acreditamos no que ele diz sobre o mundo e aceitamos, como verdadeiro, um acontecimento não visto, não sentido, ocorrido com pessoas que só conhecemos pelo que foi dito a respeito delas. Quantas formas, porém, existem para a transmissão de um mesmo evento?

Na notícia sobre o dinheiro encontrado no lixo, embora não haja interesse explícito do jornalista em acusar ou defender as personagens envolvidas, não é difícil observar que inicia o texto com *um desempregado argentino* e realça, desse modo, a condição social de Paulo Altamirano. A seguir, não faz referência ao tamanho da casa comprada, mas enfatiza a dimensão da loja e reforça a condição de desempregado e a miserabilidade do acusado: "comprou uma casa, dois automóveis e uma *pequena* loja com o dinheiro encontrado há três meses, enquanto *procurava no lixo algo para vender*".

A primeira referência a dona Emília é feita com a expressão "uma mulher", condição bastante genérica e pouco elucidativa sobre a acusadora, reforçada pelo uso do artigo indefinido: "Agora, *uma mulher* o denunciou à polícia, assegurando que esse dinheiro era seu e que o colocara no lixo por engano". Só dois parágrafos depois o autor a identifica pelo nome e pela idade e, por meio do discurso indireto, dá a entender que é uma lojista que possui vários empregados: "Emília Mascoy de Aguirre, de 70 anos, é a dona de uma loja próxima ao lugar onde foi encontrado o dinheiro. *Ela alega que uma de suas empregadas* colocou as notas por engano no lixo depois de limpar um depósito onde estavam escondidas".

Há, no texto, duas explicações para o ato de Altamirano e nenhuma justificativa clara sobre os antecedentes que levaram à perda do dinheiro. A primeira é vazada em discurso direto: "'Não sou um delinquente, é a única coisa que posso dizer', disse Altamirano". A segunda é filtrada pela voz do advogado: "Altamirano foi processado por fraude, mas seu advogado afirma que ele não roubou nada de ninguém".

Como o auditório é colocado na posição de juiz, essas escolhas de ordem dos termos na frase, de algum modo, movimentam os sentidos e podem moldar opiniões. Essa análise superficial das escolhas lexicais já nos fornece pistas para entendermos a posição que o jornalista ocupa no discurso e para descobrirmos que, deliberadamente ou não, efetua uma apresentação de si mesmo no discurso.

O impacto sobre o leitor seria o mesmo se a notícia, por exemplo, tivesse início com "Uma senhora argentina, de 70 anos, jogou, por engano, cinquenta mil dólares no lixo"? Se, por acaso, lêssemos inicialmente: "Uma das empregadas de uma lojista jogou, inadvertidamente, cinquenta mil dólares no lixo", o que aconteceria com nossa opinião? E se nos deparássemos com um texto escrito da seguinte forma: "Uma rica lojista argentina processou um vizinho desempregado que achara cinquenta mil dólares no lixo."?

Como se vê, ainda que o acontecimento seja o mesmo, a ênfase discursiva pode formar opiniões, pode agir persuasivamente sobre os interlocutores. O jornalista, no caso anterior, ainda que procure demonstrar imparcialidade, comete, consciente ou inconscientemente, traições da enunciação no enunciado, dá ênfase a um aspecto do ocorrido e essas escolhas impressionam menos ou mais o leitor, quebram a suposta neutralidade do discurso jornalístico e têm poder persuasivo porque suas palavras, de um modo ou outro, despertam as paixões do auditório.

A forma de construção da notícia, devido ao contexto, recriado pela palavra, traz à tona uma *questão* fundamental, imposta pela natureza do tema: foi merecida a condenação do senhor Altamirano?

A questão retórica

Alguém que pretenda defender ou dona Emília ou senhor Altamirano precisará versar sobre o tema – condição básica em todo e qualquer discurso – e problematizá-lo para que se transforme em *questão retórica* (*quaestio*, ligado a *quaerere* – indagar, investigar, procurar). Saberá que a questão precisa ser resolvida, mas que poderá demandar mais de uma resposta e que, nesses casos, é a competência do orador que determinará um possível consenso.

O orador sabe que, como a notícia suscita polêmica, o auditório se verá diante de uma situação concreta, que exige uma opinião, que envolve cada um na discussão da natureza da verdade e da mentira, do justo e do injusto, do moral e do imoral, do certo e do errado, do nobre e do desprezível, do legal e do ilegal, do humano e do desumano. Como tem consciência de que sua missão é confortar o espírito do auditório para obter assentimento às teses que apresentar sobre o assunto, buscará todos os meios de argumentar coerentemente para não cair em contradições. Por segurança, sabe que será interessante analisar, criteriosamente, se houve, de fato, perda do dinheiro, se o dinheiro achado era mesmo de dona Emília, se o senhor Altamirano possuía antecedentes que o tornassem suspeito, se a empregada de dona Emília era cúmplice do desempregado, se a lei poderia caracterizar a ação de Altamirano como fraude, se qualquer material colocado no lixo é de domínio público, se dona Emília era apenas irresponsável por guardar tamanha quantia de dinheiro em casa...

A eficácia retórica

Um orador que assim procedesse estaria perseguindo uma grande finalidade da retórica: a *eficácia* do discurso. Ao se assegurar do estado da questão (*status quaestionis*), daria os primeiros passos para, no *ato retórico*, mostrar claramente ao auditório conhecimento, competência e certeza do que pretende defender. Se o orador quer ser *eficaz*, é inevitável que considere a natureza do auditório a quem se dirige e conheça as contingências restritivas e amplificadoras do contexto e do discurso. Do mesmo modo, por prudência, é necessário que verifique como atuam os mecanismos de manutenção da ordem e do poder naquele contexto. Para valer-se competentemente dos artifícios persuasivos do discurso, encontrará ou criará provas que, por serem bem articuladas e plausíveis, levem o auditório a acreditar que foi tomada a melhor decisão para o momento.

O contexto retórico

Dessa forma, se estiver efetivamente preocupado com o movimento racional e passional de seu auditório, o orador terá analisado, antes da exposição pública de suas ideias, os *antecedentes* da situação sobre a qual atua e terá sempre em mente a certeza de que, diante de uma questão provável, inevitavelmente razão e emoção se entrecruzarão de forma muito potente na mente do auditório e, por isso, será necessário, pela soma dos argumentos, apresentar uma solução verossímil para o problema. Saberá que um lado racional do auditório o levará a analisar, atentamente, o contexto de situação, o caráter do orador e de cada pessoa envolvida no fato relatado, os valores da sociedade em que vive, o conceito de ética e de moral, os termos da lei e que todos esses fatores são determinantes para obter adesão, para estabelecer um consenso. Outro lado, mais emotivo, deixará o auditório em dúvida quando considerar que os envolvidos na história são uma velhinha e um desempregado e, sendo assim, precisará tocar a mola das paixões de seus ouvintes, de modo a conquistá-los para a causa que defende.

Enfim, no jogo discursivo, a imagem dos interlocutores, os acontecimentos revelados e as paixões se digladiam para determinar o que pode ser mais útil, mais justo e mais verdadeiro para os envolvidos numa dada instância problemática, num *contexto retórico*.

> O contexto retórico é o conjunto de fatores temporais, históricos, culturais, sociais etc., que exercem influência no ato de produção e de recepção dos discursos.

O discurso retórico, então, nasce desse contexto para tentar solver um *problema retórico* que é, basicamente, composto por três elementos que se associam: uma *questão*, que clama por uma discussão para ser solucionada, algo que é de um modo e o orador deseja que seja de outro; um *auditório* e, por fim, um *conjunto de limitações* e restrições – pessoas em posições antagônicas, eventos, leis, interesses, emoções, hábitos que atuam tanto sobre a audiência quanto sobre o orador e dão especificidade à situação.

A distância, o verossímil e o acordo

Evidentemente, o julgamento de dona Emília e senhor Altamirano poderia terminar de um modo diferente se, admitindo os "erros" de um e de outro, eles tivessem feito um *acordo*. Nesse caso, não estariam em busca de uma "verdade", mas entenderiam que há diversos ângulos de visão sobre o mesmo fato e que se pode levar o outro a acatar uma opinião que não era inicialmente de seu agrado. Entenderiam que para capturar a existência de uma verdade não basta simplesmente opô-la à mentira, pois há todo um universo de relações necessárias para a produção do significado do termo naquele contexto específico. Entenderiam que as "verdades" são criadas por consenso e, normalmente, se solidificam para constituir o que conhecemos por "discurso dominante".

Quando se posicionassem um diante do outro, já teriam feito uma investigação especulativa sobre aquilo que o tema comporta de persuasivo. Contra a violência primitiva, dona Emília, senhor Altamirano, a empregada e o advogado colocariam suas razões, filtradas pelo estudo do verossímil na situação, iniciariam um debate e estariam praticando, democraticamente, *retórica*. Tentariam fazer o auditório sentir-se identificado com suas propostas. Nesse momento, já estariam conscientes de que agir retoricamente implica analisar uma realidade posta e que o ato de exercer a palavra envolve, sempre, uma postura discursiva criada por uma situação retórica específica. Essa *questão*, por ser específica, norteia o acusar ou defender, o criticar negativamente ou enaltecer, o condenar ou absolver, o propor ou explicar, o questionar a credibilidade moral ou a imoralidade manifesta dos envolvidos. Encontrar esse norte é fundamental para o orador que tem intenção de estabelecer critérios e lançar uma proposta que seja capaz de, pela força retórica empreendida, levar o outro a acreditar que uma crença particular sobre um evento do mundo pode transmutar-se em consenso.

Entenderiam, também, que há verdades contingentes, aquelas que pertencem ao campo da retórica porque envolvem decisões sobre a vida em sociedade. Assim, durante um *ato retórico* – momento em que se efetiva o discurso retórico –, a verdade seria instituída por consenso, pela força argumentativa de cada um dos envolvidos, pelo uso da razão e pela intensidade da emoção que cada retor conseguisse imprimir sobre seu auditório. No transcurso desse fazer persuasivo, em busca do acordo, o auditório veria que a verdade pode aparecer de modo diferenciado tantas vezes quantas forem ouvidas as vozes de cada um dos elementos dessa imensa equação humana.

Esse sabão lava mais branco?
Qual é mesmo a verdadeira maionese?

Como construir a ideia de que uma palha de aço tem mil e uma utilidades? Pela retórica. Como fazer todo um país acreditar que existe uma maionese que é verdadeira e que todas as outras, por consequência, são falsas? Pela retórica. Para o bom orador, não importa se essas afirmações são verdadeiras ou mentirosas, mas sim que imprimam em seu auditório a sensação de verdade, o verossímil, o persuasivo. As afirmações dos publicitários criadores dos *slogans* sugeridos anteriormente não resistem a um raciocínio, mas, devido às artimanhas retóricas empreendidas, deixam no auditório uma profunda impressão de verdade. Afinal, ninguém quer comprar, conscientemente, um produto que não seja útil ou uma mercadoria falsa pelo preço da mercadoria original.

Os publicitários conseguem, por meio de argumentos, falaciosos ou não, mover todo um auditório a seu favor. Pela boa construção do ato retórico realizam seus propósitos de venda e o fazem muito bem, com inteligência e criatividade: criam necessidades, incutem conceitos e os transformam em "verdades", fazem aflorar nossas paixões, nossos desejos e aspirações e, assim, nos dão a impressão de que casam interesses. Aos consumidores, como auditório, compete a compreensão ou não das artimanhas retóricas, a consciência de que a prática da retórica permite a coexistência de várias visões da realidade e que o movimento persuasivo é potente quando feito por hábeis oradores como são os publicitários. Em tese, ninguém é obrigado a comprar, mas se a necessidade for criada com potência retórica adequada, o auditório não mais consegue viver sem um produto X ou Y, ainda que o produto custe quase todo o salário do mês. O anúncio publicitário, visto como discurso retórico, suscita interesses no auditório que é, pelos oradores, minuciosamente analisado sob vários ângulos para determiná-lo numa posição etária, social ou econômica. Nenhum assunto é complexo demais para o publicitário. Nenhum produto é impossível de ser vendido.

O discurso retórico, embora possa aprisionar, é extremamente democrático: é a comunidade que afiança se o discurso que ouviu é crível, provável, se merece confiança ou não. Todo um auditório fica na dependência da técnica e da arte do orador em provocar assentimento às suas teses.

Observemos três textos que comentam uma mesma reportagem da revista *Veja*. Fiquemos atentos à forma como cada orador coloca seus argumentos, como, por estarem no mundo da *doxa*, expressam-se veementemente a favor de suas causas, como articulam suas crenças em resposta a uma necessidade de conseguir adesão dos espíritos às suas teses e como as "verdades" de cada um se ressaltam discursivamente, ora conclamando a razão, ora buscando tocar a mola das paixões:

Texto 1

John Allen Paulos é um matemático que tem a sua lógica atrelada aos princípios do filósofo francês René Descartes (Amarelas, 18 de junho). Desse modo, considera os fenômenos apenas nas suas especificidades, desconsiderando a totalidade em torno da qual se dão os acontecimentos. Assim sendo, limita-se às explicações mecânicas, reducionistas, as quais apresentam falhas quando se faz necessário explicar a harmonia e o equilíbrio do universo, que se comporta como autêntico ser vivo. A visão cartesiana é caracterizada pelo racionalismo. Penso, logo existo. O homem e sua dimensão do visível, em que se levam em conta apenas o tempo e o espaço. A fé, pelo contrário, vem de uma visão holística da vida, que considera o universo como um todo indivisível, em que as partes desse corpo não podem ser explicadas separadamente. Essa totalidade que forma um conjunto perfeitamente harmônico não é completamente explicada pela ciência. O que se tem é o incompreensível, em que apenas na dádiva da "fé" encontramos a verdadeira e divina resposta.

Luiz Adriano Prezia Carneiro. São Bernardo do Campo, SP.

Fonte: *Veja*, edição 2066, ano 41, n. 25, 25 jun. 2008, p. 45

Texto 2

Entrevista clara e perfeita desde o título. As religiões em geral são filhas da ignorância e irmãs da arrogância e da intolerância, características responsáveis por grande parte das desgraças sofridas pela humanidade. John Allen coloca seus argumentos de forma objetiva e inovadora, utilizando a matemática como ponto central. No Brasil, infelizmente para nós, já estão utilizando o método matemático e, assim, pessoas com vocabulário em torno de vinte palavras exercem cargos públicos. E alguns são até religiosos.

Ronaldo Manoel Fernandes. São Paulo, SP.

Fonte: *Veja*, 25 jun. 2008, edição 2066, ano 41, n. 25, pp. 45-6.

Texto 3

Argumentos que ateus como John Allen Paulos costumam usar contra a fé são, em geral, os mesmos que têm sido construídos contra o cristianismo desde o primeiro século. As respostas que apologetas (defensores da fé) cristãos têm dado são igualmente antigas. Ou seja, não há nenhuma novidade na argumentação, seja de um lado, seja de outro.

Miguel Augusto Rios. Goiânia, GO.

Fonte: *Veja*, 25 jun. 2008, edição 2066, ano 41, n. 25, p. 46.

Nenhum dos autores dos textos anteriores será julgado, preso ou condenado por suas palavras. Num país em que há liberdade de crença (ou de descrença), todos podem defender seus interesses. Como vimos, é no mundo da opinião, da *doxa*, que se tecem as relações sociais. Como oradores, os homens esforçam-se por persuadir, para cultivar a arte de bem falar com fins específicos, e valem-se das propriedades e artimanhas da linguagem para seduzir, manipular, justificar ideias, fazer assomar o verossímil, o razoável, a opinião sedimentada no bom argumento. Como auditório, procuram descobrir as intenções do orador, atribuir razões para o seu dizer, pesar a força dos argumentos proferidos, analisar o peso da "verdade" mostrada, os recursos linguísticos utilizados, as inferências possíveis, enfim, a arte e técnica do orador na constituição do discurso. Em qualquer posição discursiva, quer como orador, quer como auditório, os homens podem praticar, na *retórica*, "a faculdade de ver teoricamente o que, em cada caso, pode ser capaz de gerar a persuasão" (Aristóteles, s/d I: 2). O tema tratado pelos autores dos três textos é polêmico, e onde há polêmica, há necessidade da retórica, vista aqui, numa perspectiva primeira, como "a negociação da distância entre os homens a propósito de uma questão, de um problema. Este problema tanto pode uni-los como opô-los" (Meyer, 1998: 27).

Enfim é no *discurso retórico* que os homens e a linguagem se encontram para expor suas diferenças e suas identidades (Meyer, 1998): articulam-se argumentos e estilos para buscar o agradar, o ensinar, o comover, em resumo, o persuadir. O importante é conquistar a *eficácia*.

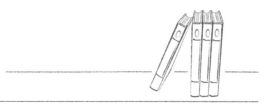

Brevíssima história da retórica

Os deuses

> Os deuses não dispensam igualmente aos mortais seus amáveis presentes: formosura, talento, eloquência. Acontece que a um homem não dotado de beleza a divindade favorece-o com a palavra, e todos se sentem seduzidos ante ele porque fala com segurança e suave modéstia, e domina na Ágora, e o povo o considera como uma divindade quando anda pela população.
>
> Fonte: HOMERO. *Odisseia*. Trad. Carlos Alberto Nunes. 4. ed. São Paulo: Melhoramentos, 1992, vii: 167.

Pelo fragmento anterior, é possível entender como Homero (século viii a.C.), considerado o pai dos poetas, concebia a eloquência: via-a como dádiva divina e, por isso, aqueles que a possuíam eram muito respeitados entre os homens comuns. Essa crença tem respaldo na mitologia: Júpiter, sensibilizado com a miséria humana, enviou Mercúrio para conduzir a Eloquência aos homens. Com ela, os mortais poderiam resolver seus problemas e viver melhor. Mercúrio – que se identifica com o *logos*, a palavra divina – ensinou os homens a falar para persuadir. Primeiramente, apenas os mortais mais inteligentes entraram em contato com a Eloquência e foram eles os criadores da sociedade, da indústria e de todas as artes.

É também na mitologia que encontramos, no cortejo de Vênus, uma divindade denominada Persuasão, representante do poder encantatório da beleza. Os gregos a consideravam uma deusa poderosa. E a ela nada negavam porque era encantadora e suas palavras eram mágicas e cheias de doçura, como afirmava Ésquilo.

Essa visão mítica do mundo, no período anterior a Péricles (o século v é o século de Péricles), era comum na Grécia antiga. Depois dele, muita coisa mudou e a retórica tomou seus próprios rumos e ganhou uma bela história. Aqui, daremos apenas referências curtas sobre as diversas fases e, por certo, cometeremos injustiças com muitos estudiosos que tanto contribuíram para o desenvolvimento da retórica.

Os homens

O nascimento histórico da retórica é costumeiramente localizado no século v a.C., em Siracusa, na Magna Grécia (hoje, Itália). Depois da queda do general ateniense Trasíbulo (455 a.C.-388 a.C.), surgiram inúmeras causas que solicitavam a restituição de terras subtraídas pelo tirano aos legítimos proprietários. Formavam-se júris populares e aperfeiçoava-se a oratória. Desse modo, desde suas origens, a retórica encontra-se indissociavelmente ligada ao Direito, ao aspecto judiciário do discurso retórico. O primeiro tratado de retórica foi escrito em 465 a.c., por Córax e seu discípulo Tísias, dois oradores que se notabilizaram na defesa das vítimas dos arbítrios cometidos pelo tirano de Siracusa. O fundamento filosófico dessa retórica assenta-se na crença de que o verossímil é mais estimável que o verdadeiro. Divulgaram, então, uma oratória caracteristicamente probatória, que buscava provas (*pisteis*), assumia o aspecto técnico de uma arte com preceitos assentados cientificamente e tinha por objetivo demonstrar a verossimilhança de uma tese proposta.

Na diacronia fornecida por Barthes (1985), a retórica possui sete momentos: 1) origens na Sicília; 2) a retórica de Górgias e dos sofistas; 3) os estudos de Platão; 4) os estudos aristotélicos e dos autores helenísticos e romanos, especialmente Cícero e Quintiliano; 5) a segunda sofística ou neorretórica; 6) a retórica medieval do trivium; 7) a retórica dos clássicos. A eles, podemos acrescentar os estudos contemporâneos sobre a retórica que serão tratados, rapidamente, mais adiante.

Górgias e os sofistas

O século v a.c., século de Péricles (495/492 a.C.-429 a.C.) – um dos principais líderes democráticos de Atenas – marca o período de transição da eloquência espontânea para a erudita. O atenienses aprenderam que deviam responder por suas ações diante da comunidade e essa obrigação se transformou, depois, no que conhecemos por discurso judiciário. Assim, já não era a linguagem divinizada que conduzia a vida humana, mas a retórica.

No ano de 427, um siciliano chegou em Atenas e espalhou a arte retórica em muitas partes da Grécia: era Górgias (487 a.C.-380 a.C). Preocupado com os aspectos ornamentais do discurso, promoveu um estudo da linguagem voltada para si mesma e ficou famoso por proferir discursos elegantes, brilhantes, recheados de efeitos, figuras e ritmos. Defendia a existência de um conhecimento relativo, não absoluto, que deveria ser valorizado na Filosofia. Desse modo, fez desaparecer o critério de verdade como uma realidade irrefutável. Por entender a forma persuasiva da emoção e por ter aproximado a retórica da poesia, ressaltou o discurso epidítico (laudatório) e o colocou ao lado do discurso político e judiciário. A retórica de Górgias é a do aparato, mas é também a do psicagogo, a do condutor de almas por meio do bom manejo da arte das palavras, com o objetivo de encantar o auditório.

Górgias conquistou muitos discípulos, como Protágoras, Pródicus e Hípias. Esses retóricos, denominados sofistas, possuíam vocação pedagógica: assumiram a dimensão educativa do discurso, questionavam francamente a tradição, valiam-se da radicalidade argumentativa, da reflexão centrada no homem e promoviam o desenvolvimento da eloquência. O discurso, então, passou, gradativamente, a se apresentar como sedutor e belo. Como eram voltados para a vida prática, ensinavam os discípulos a bem argumentar para persuadir em qualquer situação, para aparentar ter razão em qualquer circunstância. Essa pretensão de discorrer sobre qualquer tema não agradava a muitos gregos. Platão e Aristóteles, por exemplo, condenavam Górgias e Protágoras pela superficialidade sensível e pelo desprezo à verdade.

Isócrates (436 a.C.-338 a.C.), discípulo de Górgias, contemporâneo de Platão, tentou conciliar a perspectiva sofística da retórica com a filosofia platoniana e uniu a retórica à sabedoria ao afirmar que uma nada vale sem a outra, pois para esse retórico a capacidade discursiva é o mais importante sinal da razão humana.

Platão

É Platão (427 a.c.-347 a.c.), porém, quem ressalta mais incisivamente o caráter do uso sofístico da retórica. No *Górgias*, um de seus famosos diálogos, cria oposição entre saber e crença para ressaltar que a retórica se preocupa unicamente com a opinião, que pode ser falsa ou verdadeira. Platão não admite que se defenda, indiferentemente, o justo e o injusto, uma vez que a justiça é a suprema felicidade do homem.

Aristóteles

No primeiro ano da Olimpíada xcix, em 384 a.C. – 15 anos depois da morte de Sócrates –, em Estagira (atual Stravos), uma aldeia macedônica situada entre Salônica e o monte Atos, que fora colonizada pelos gregos e falava o dialeto jônico, nasce um dos maiores representantes da arte da palavra: Aristóteles, um ser reconhecidamente genial que analisou detalhadamente a relação do homem com a linguagem e ainda hoje exerce influência nas modernas teorias linguísticas. O filósofo, discípulo de Platão e professor de Alexandre, o Grande, trabalhou, por vinte anos, à sombra do mestre; depois, não lhe podendo suceder, fundou a sua própria escola, o Liceu, em 335 a.C.

Com a *Arte retórica* – um estudo que inovou e sintetizou as visões dos estudos retóricos de seu tempo –, forneceu-nos um verdadeiro guia sobre como criar um texto persuasivo e trouxe ensinamentos, muitos válidos até hoje, sobre elementos de gramática, de Filosofia, Filosofia da Linguagem, Lógica e Estilística. Assim, atraiu o interesse dos filósofos contemporâneos preocupados com umà possível lógica do discurso ou com a dimensão comunicativa da linguagem e lançou as bases da retórica ocidental. Em termos teóricos, a evolução da retórica ao longo dos séculos representou muito mais um aperfeiçoamento da reflexão aristotélica sobre o tema do que trouxe construções verdadeiramente originais.

Cícero

A partir do século I a.C., a retórica torna-se também latina: Cícero, nascido em 106 a.C., em Arpino, uma terra volsca, viveu no mais belo século da eloquência romana. Seus ensinamentos figuram essencialmente em *Do orador*. Ao lado de Platão e de Aristóteles, o modelo ciceroniano introduz o privilégio da retórica e a eleva ao nível de arte das artes. Difunde uma visão de cultura em que a retórica cumpre um papel centralizador e unificador. Cícero repensou a teoria aristotélica e demonstrou para os romanos a força e a beleza da palavra. Contribuiu também para o florescimento da retórica romana o tratado de autoria anônima *Rhetorica ad Herennium* (século I a.C.), que populariza as fontes gregas e firma terminologia retórica em latim. Quintiliano (século I-II d.C.), por sua vez, estabelece a pedagogia da retórica aristotélica.

Depois de Cícero, a eloquência entrou em decadência. A arte oratória só subsiste onde há democracia. Aos poucos, os debates públicos não tinham mais razão de ser e os alunos aprendiam, artificialmente, a retórica na escola, longe do calor dos debates, longe dos grandes oradores, longe dos debates reais. As aulas de "declamação" romana transformavam-se em atos fictícios e estéreis. O tempo nos mostra que a retórica enfraquece nos governos autoritários e renasce, vigorosa, no ambiente democrático. Quando se artificializa, por qualquer motivo, tende a diminuir sua carga efetiva de ação. Durante a Idade Média, ganhou enorme divulgação, ocupava um lugar central na Educação e chegou à Idade Moderna com algum prestígio, mas por ter-se artificializado, explorado sobremaneira os artifícios e as figuras, a retórica sofreu um baque em sua fama. Enfrentou adversários poderosos: o Positivismo, que rejeitou a retórica por só acreditar na verdade científica; depois, o Romantismo, que rejeitou a retórica, pois queria enaltecer a sinceridade a toda prova. Em 1885, a retórica desapareceu do ensino francês e foi substituído pela História das literaturas grega, latina e francesa.

Novas retóricas

Dominada pela concepção cartesiana racional-mecanicista e a consolidação da perspectiva cientificista, o pensamento ocidental, nos últimos três séculos, afastou-se tradição retórica dos gregos. A retórica declinou, sim, mas não morreu. Como diz Reboul (1998), saiu de cena. Renasceu, vigorosa, na Europa, a partir dos anos 1960 com o advento da nova retórica: a força da palavra saiu vitoriosa, ainda que menos embelezada com suas roupas de festa.

Alguns movimentos cíclicos de recuperação da retórica surgiram ao longo do tempo, mas foi o século xx que a ressuscitou. Durante três séculos, a retórica afrontou diretamente a orientação cartesiana de só considerar as demonstrações traduzidas em ideias claras, revestidas de provas lógicas. Considerada menor e empolada, mera prática mundana composta de prosaicos artifícios estilísticos, a retórica foi preterida pelas ciências exatas porque um sistema de pensamento sustentado unicamente em uma ciência racional não poderia se contentar com opiniões mais ou menos aceitáveis, nem com demonstrações obtidas a partir de premissas apenas plausíveis. As ciências naturais requeriam provas analíticas, aquelas obtidas por meio de premissas absolutamente verdadeiras e universalmente válidas. A retórica não acreditava plenamente nisso e, se os ventos não mudassem, poderia sucumbir. Assim, mudou um pouco e sobreviveu.

A retórica contemporânea veio cheia de saúde: não mais pretende, especificamente, ensinar a produzir textos, mas, sobretudo, objetiva oferecer caminhos para interpretar os discursos. Alargou-se e não se limita aos três gêneros oratórios, pois incorpora todas as formas modernas de discurso persuasivo (a publicidade, por exemplo, e até a própria poesia, considerada tradicionamente não persuasiva). Apodera-se, também, das produções não verbais e invade o cinema, o cartaz, a música, as artes, enfim. Por não serem normativas, as novas retóricas continuam suscitando comentários, discussões, argumentação. Enriquecem a visão de mundo, fomentam o diálogo, infiltram-se nos meios de comunicação, aproximam-se dos atores políticos, econômicos, sociais, que atuam no espaço público. Não se esqueceram, porém, de sua essência e, de algum modo, equivalem a uma determinada definição do real e, em sentido específico, ao conjunto de recursos necessários para a produção dessa definição, ao aproveitarem-se da tensividade retórica, natural nas situações de comunicação entre os homens. A retórica possui um novo espírito: o da integração entre as ciências humanas e as ciências dos discursos axiomáticos de demonstração.

As neorretóricas, com suas teorias da argumentação baseadas em lógicas não formais (Perelman e Tyteca, Meyer, Lempereur, Reboul) e nas lógicas naturais (Grize, Vignaux), assim como os precursores da Retórica Geral (Dubois, Klinkemberg, Minguet) – que foram muito além da retórica das figuras – acentuam que é no mundo da opinião que se tecem as relações entre os homens e é a retórica do verossímil que permite o espaço persuasivo para a inserção do não racional no domínio retórico. Abre-se, pois, espaço para o sentimento, para o universo passional e sua força retórica.

A nova retórica de Perelman e Tyteca, por exemplo, a partir da Filosofia do Direito, observa que alguns domínios do discurso não se submetem ao arbítrio estrito do racional, mas, sim, a uma lógica do razoável, muito útil em retórica para associar convencimento e persuasão. Nasce uma concepção alargada de razão como uma instância histórica e dialética, que regula nossas crenças e convicções e até a liberdade que temos em relação a elas. Reconhece-se, assim, uma Lógica dos Valores, das preferências. O provável, o crível assume um lugar de destaque na argumentação e se subjuga apenas à autoridade do auditório, que, universal ou particular, dá a palavra final sobre o que se argumentou.

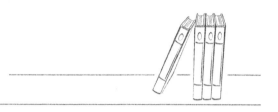

Primeiros passos para a análise retórica

Consideremos que todo discurso é, por excelência, uma construção retórica, uma vez que procura conduzir o auditório numa direção determinada e projetar um ponto de vista, em busca de adesão. Como afirmam Perelman e Tyteca, na perspectiva da nova retórica, uma argumentação eficaz consegue aumentar a intensidade de adesão, desencadeia nos ouvintes uma ação positiva ou de abstenção ou cria uma disposição para a ação que se manifestará no momento oportuno.

> Peço providências para a falta de ônibus na região da Vila Nova Cachoeirinha, em especial para atender à linha 9598 (Vila Rica – Paissandu). Essa falta começou quando

> a empresa Zefir passou a gerenciar as linhas antes sob controle da CMTC. Gostaria que a Prefeitura, que concede a licença de operação para as empresas, pensasse no "povão" e resolvesse o caso o mais rápido possível.
>
> E.C.S. – Capital.
>
> Fonte: *O Estado de S. Paulo*, 3 jul. 1994.

Como é fácil perceber, E.C.S. vale-se do jornal *O Estado de S. Paulo* para conquistar adesão dos leitores e das autoridades a seu pedido. Como E.C.S., somos seres retóricos e usamos a linguagem não só para estabelecer comunicação, mas, sobretudo, para pedir, ordenar, sugerir, criticar, argumentar, fixar uma imagem positiva ou negativa, afirmar ou negar uma ideia, enfim, para estabelecer acordos com nosso auditório, para negociar a distância entre os interlocutores a respeito de uma questão, de uma causa.

Quando assim procedemos, valemo-nos da propriedade argumentativa da linguagem, que se opõe a uma forma de vê-la como meramente descritiva ou representacionista. Nesse sentido, a linguagem não é objetiva, mas, sim, interpretativa da realidade. Por isso, não é neutra, mas dotada de intencionalidade.

Como o discurso não é um acontecimento isolado, sempre está em oposição a outros discursos que o precederam ou que o sucederão. E essa é uma lei fundamental da retórica: o orador nunca está sozinho. Ao falar, leva em conta a posição do auditório, busca as reações possíveis, manifestas ou latentes, para, sobretudo, captar o não dito, que, no entanto, é fundamental para determinar a adesão, a negociação da distância, para tentar solver o problema que se impõe e precisa ser resolvido. Do outro lado, há um auditório que se esforça por captar, além da mensagem, as artimanhas do discurso.

A retórica, pois, possui uma *função hermenêutica* que se encarrega da arte de interpretar textos e essa é a função que exploraremos neste e no próximo capítulo. Cabe ao intérprete procurar entender como o orador mostra a realidade sob determinado ângulo, como se vale de recursos persuasivos, como constrói os argumentos, como celebra o casamento de seus interesses com os do auditório.

É fundamental dizer que, em retórica, o mais importante é *deixar o texto falar*, pois é dele que emanam as características passíveis de serem analisadas. O roteiro que exporemos, portanto, é apenas uma forma de canalizar o olhar para os sentidos possíveis do texto. Não se pretende, de modo algum, que seja um guia inflexível para a leitura de qualquer texto retórico. Apenas a intenção didática nos permite esse gesto que contará sempre com a sensibilidade e acuidade crítica do leitor para destacar, no processo analítico, ou um aspecto ou outro mais nitidamente persuasivo e digno de reflexão acurada.

A análise retórica, fundamentalmente um diálogo com o texto, aceita a subjetividade do leitor, mas, por pretender ultrapassar os limites puramente impressionísticos, vale-se de alguns critérios que podem ser conjugados ou separados no produto da análise. Pode-se, por exemplo, colocar o texto sob um critério analítico de natureza pragmática, com a finalidade de verificar os efeitos de sentido, a ação persuasiva, enfim, a eficácia do discurso em função do contexto retórico que o motivou. Os critérios estéticos e éticos também se prestam a análises de qualidade e de valor do discurso. Os critérios éticos mostram a contribuição prestada para dignificar ou degradar a condição humana.

Para Aristóteles, quando procuramos o "quem" em um texto, referimo-nos ao *ethos* e ao *pathos*. Se estamos preocupados com o "como", valemo-nos do *logos* e dos gêneros retóricos. Se nos interessa o "para quê", nosso olhar se volta para o útil, o justo, o verossímil e o honrável. A postura do analista se circunscreve ao seu interesse analítico e, sobretudo, à problematicidade oferecida pelo assunto tematizado.

Passo 1:
olhar inicial – o contexto retórico

Como sabemos, não há texto isolado. Todo pronunciamento é criado a partir de eventos anteriores, que compõem um complexo que envolve pessoas, fatos, discursos, interpretações da realidade e desejos de persuasão. Para desvendar os sentidos de um texto, recomenda-se interrogar o próprio texto exaustivamente, a fim de encontrar os lugares da interpretação. Algumas perguntas são feitas com o objetivo de reconhecer o orador; outras pretendem entender a natureza do auditório e, por fim, as últimas interrogam o próprio discurso.

Para os passos iniciais da leitura retórica, as questões podem ser simples e amplas:

> Quem fala? A quem fala? Quando fala? Por que fala? Contra o quê? Como fala?

A leitura retórica postula que o texto tem autonomia e deve ser entendido por si mesmo, mas quaisquer informações que ajudem a entender o contexto, o autor e suas posições podem ser válidas para a interpretação. É fundamental, para evitar desvios interpretativos, dar especial atenção à pergunta "Quando fala?", pois os sentidos se modificam em função do tempo dos acontecimentos que antecedem ou sucedem o evento em foco. Essa questão, que remete ao contexto, normalmente, inicia a leitura retórica. As questões fundamentais, porém, são aquelas dirigidas ao próprio texto:

> Do que trata? O que afirma? Contra quem? Como diz?

Essas questões fundamentais se desdobram em muitas outras, mais específicas, que serão nas próximas páginas sugeridas ao analista iniciante.

É importante ressaltar que a leitura retórica não pretende dizer se o texto tem ou não razão: limita-se a mostrar como os elementos persuasivos tomam forma, como se configuram os argumentos, como os recursos de convencimento são infiltrados no discurso. A interpretação é produto estrito da observação e análise do texto, mas nem por isso conseguirá ser absolutamente neutra, pois, por força do exercício de leitura, valora os argumentos em fortes ou fracos, afirma que uma conclusão pode ser falsa ou errônea e esse gesto interpretativo, de algum modo, implica juízo de valor. A leitura retórica é mesmo um diálogo.

Voltemo-nos para o texto de E.C.S. Uma ação retórica sempre está envolvida em um *contexto retórico* que requer análise.

> Por *contexto retórico* entende-se um orador, colocado diante de uma questão mais ampla, que envolve fatores vários (sociais, éticos, morais, de corporações, de instituições) e que culmina num discurso passível de ser analisado.

O *contexto retórico* do texto de E.C.S. é nítido: Por volta de 1994, houve mudança de gerenciamento da linha de ônibus utilizada pelo povo da região de Nova Cachoeirinha e criou-se um *problema* que, na opinião do orador, precisava ser resolvido pelo auditório (autoridades). O analista, para bem entender esse contexto, pode elaborar algumas questões gerais que o ajudarão, ao responder, a entender mais claramente o contexto e o problema retórico:

*Quais são os antecedentes, de qualquer natureza,
que ajudam a construir o contexto retórico
(fatos anteriores, de natureza histórica, política,
cultural, individual, moral, ética etc.)?*

No texto de E.C.S.: a linha de ônibus Vila Rica-Paissandu funcionava regularmente antes da privatização da estatal. A substituição da CMTC (empresa pública) pela Zefir (empresa privada) foi negativa, pois trouxe aborrecimentos para os utilizadores desse serviço: pessoas simples de uma região da periferia de São Paulo. Os representantes da prefeitura, que concedem licença de operação, são considerados culpados e acusados de descaso.

*Qual é o elemento factual (objetivo, concreto)
que desencadeia o ato retórico (a elaboração do texto)?*

A irregularidade no horário dos ônibus do percurso Paissandu – Vila Rica.

*Qual é a questão retórica? ("questio": uma imperfeição
percebida pelo orador e que precisa ser
modificada, corrigida, alterada?)*

Questão deriva do latim *quaestio* e se liga ao verbo *quaerere*: procurar, indagar, investigar. A questão é o objeto da discussão, o motivo que gera dúvida, incompatibilidade. É, enfim, um *problema* que precisa ser resolvido, pois se sabe que a solução implica mais de uma resposta.

O texto de E.C.S. inclui várias críticas que constituem um problema: as desvantagens da privatização, o mau atendimento da atual empresa responsável, o descaso dos dirigentes para as causas populares, a sensação de abandono sentida pelo orador. Em resumo, o *problema* se configura pela desconsideração das necessidades populares de locomoção.

> *O problema retórico sempre é uma construção simbólica da realidade, pois envolve um contexto de realidade que se soma à interpretação de quem a vivencia.*

Qual o componente específico de interesse do orador? O que pretende modificar?

A resposta a essa pergunta auxilia o intérprete a localizar *o tema* do texto, pois resume uma abstração. No caso em análise, o *descaso* tematiza o texto. Este centro temático se traduz em expressões do orador: *Peço providências, Gostaria que a prefeitura pensasse no povão.* O orador caracteriza, pelo modo como enuncia, a *retórica dos oprimidos: peço, gostaria que pensassem, povão.*

Se pensarmos objetivamente, o jornal não seria o veículo ideal para solicitar providências relativas ao transporte público. O orador, pois, dirige-se muito mais aos leitores do jornal em busca de negociação de uma distância julgada necessária: os oprimidos precisam de adesão de um auditório mais amplo para realçar sua voz, para se fazer ouvir, ainda que indiretamente, pelas autoridades. Nesse caso, a denúncia do mau serviço parece assumir um caráter secundário: há crítica à privatização do transporte público e à forma como se deu essa privatização, há uma acusação à forma como essa privatização é controlada e insinuações sobre a lisura do processo, pois o encargo foi dado a uma empresa privada julgada incompetente para realizar a tarefa. A *retórica dos oprimidos* se digladia, então, no ato retórico, com *a retórica do poder*.

Essa primeira visão analítica inscreve-se no campo balizado atualmente pela Pragmática que, de modo bem simples, pode ser conceituada como o estudo da linguagem em contexto. É a força do discurso do orador que torna o tema verossímil e, de algum modo, atrela o lógico ao retórico e, simultaneamente, os dissocia. O aspecto retórico deixa de lado a questão da verdade para apreender a linguagem como discurso produtor de efeitos capazes de intervir na realidade. Há todo um esforço discursivo para a solução da *questão* retórica. A busca de respostas opõe retóricas: a *retórica dos oprimidos* contra a *retórica dos poderosos*, a *retórica da guerra* contra a *retórica da paz*, a *retórica comercial* contra a *retórica do consumidor* etc.

É válido observar que, como nas suas origens, a arte retórica funciona, no texto de E.C.S., não só como instrumento linguístico, mas também e concomitantemente como instrumento do agir político. O texto é, pois, uma resposta ao descaso e o *problema* retórico foi tratado de forma visivelmente construída.

Elementos que afirmam a evidência do problema:
– falta de ônibus, em especial, para a linha 9598;
– *essa falta começou quando a empresa Zefir passou a gerenciar as linhas antes sob controle da* CMTC.

Elementos que buscam salvaguardar a coerência do problema:
– *a prefeitura concede a licença de operação para as empresas.*

Elementos que buscam justificar as ligações estabelecidas no seio do discurso e que encaminham para a solução do problema:

- *pensar no povão;*
- *resolver o caso da falta de ônibus.*

Elementos que caracterizam o gênero do discurso retórico:

E.C.S., na posição de orador, mostra-se preocupado com questões ligadas à coletividade *(polis)*, questiona a administração da cidade e as decisões tomadas em relação ao povo, explora o que é útil ou prejudicial à população e argumenta pelo exemplo (A CMTC fazia sua parte. A Zefir, não). O orador coloca o auditório numa posição de assembleia que deve votar a favor ou contra uma proposição e o orador posiciona-se como um conselheiro que delibera sobre o futuro por meio de um conselho de natureza política. Desse modo, o gênero escolhido pelo orador foi o *deliberativo*.

Ressalte-se que, em síntese, todo discurso é político, com maior ou menor carga intencional, pois na prática, é difícil encontrar um discurso puro (só laudatório, só judiciário, só político ou deliberativo). Os valores dos três gêneros se interpenetram (o justo, o bem, o útil), mas é possível buscar-se o gênero predominante. O discurso deliberativo versa sobre um fato futuro, possível, por meio do aconselhar ou desaconselhar uma determinada ação tendo em conta o útil ou o prejudicial à *polis* e põe o auditório em posição de votar para decidir sobre o que é útil ou nocivo naquela situação retórica.

Meyer (1998), partindo do princípio que falar ou escrever é suscitar uma questão, observa que os três gêneros retóricos correspondem a uma gradação no tratamento das respostas. No gênero deliberativo, tem-se uma questão com uma ou várias alternativas e nenhum meio de decidir, o debate é entusiasmado, o *pathos* é forte, as paixões se desencadeiam e trabalha-se com problematicidade máxima. No gênero judiciário, a problemática diminui, pois há maneiras de resolver a questão posta por meio de debates e verificações sobre a ocorrência dos fatos. Os critérios de resolução apoiam-se no juiz e nas leis. No gênero laudatório, as questões se apresentam de forma inteiramente resolvidas: as respostas são expostas e o auditório apenas as aprecia e não as contesta, pois o problema exige apenas a tarefa de qualificá-la.

Verificamos, no texto, que E.C.S., o orador, tratou a *quaestio* como parte de um contexto e posicionou a controvérsia por meio da *retórica dos oprimidos* (incluiu-se no "povão"), solicitou providências para essa posição de desequilíbrio, de imperfeição observada (falta de ônibus) e lançou seu apelo (*gostaria*) para que uma solução fosse encontrada (gênero deliberativo). Dirigiu-se a um auditório universal (as regras precisam ser seguidas, as licitações precisam ser honestas, o povo tem direitos e merece atenção), explorou sobretudo duas características da retórica, *docere* e *movere:* mostrou o elemento factual, objetivo, concreto, que desencadeou o ato retórico e ressaltou o componente específico de interesse que pretendia modificar *(providências).*

Um grande momento da ação retórica de E.C.S. reside no ato de exaltar a necessidade de providências para benefício do "povão": tenta sensibilizar as autoridades por meio de um pedido factível, esforça-se para mostrar que a ação pretendida é útil e vantajosa, compatível com os valores sociais vigentes, merecedora de um casamento de interesses entre governo e povo. E.C.S. age retoricamente para enfatizar a sua verdade e pretende que essa verdade se harmonize com a de seu auditório. Habilmente, faz apelos emocionais com objetivo claro de minimizar os conflitos, as críticas ou sanções que poderiam colocar em risco seus argumentos (movimentos persuasivos).

Ao praticar o seu ato retórico, E.C.S., como faria qualquer orador, busca preencher necessidades humanas ligadas ao compreender, ao legitimar, ao racionalizar, ao emocionar, a fim de que os argumentos ganhem legitimidade e ênfase, de que sensibilizem, tornem-se convincentes e persuasivos. A realidade foi, pois, retoricamente construída pelo orador.

Todos os passos analíticos a seguir podem ser aplicados ao texto de E.C.S., mas, para benefício da diversidade e clareza, iremos nos valer de novos textos. A análise retórica implica um olhar sobre o texto em busca do que possui de persuasivo, enfim, em busca do material de construção retórica e, nesse sentido, é sempre possível destacar alguns aspectos em detrimento de outros, pois os textos, dotados de intencionalidade, apontam, durante a análise, para as intenções do autor. A maturidade e intencionalidade do analista dirigem o olhar que perscruta o texto em busca de artimanhas retóricas.

Para a exploração dos movimentos analíticos contidos no passo número um, valem sempre os conselhos de Reboul (1998) sobre as regras principais da leitura retórica: A leitura retórica pretende ser um diálogo com o texto. Faça perguntas ao texto e dê a ele todas as oportunidades de responder.

A estrutura do discurso é fundamental em retórica, pois tanto a clareza quanto a ênfase dada a uma determinada tese são importantes para a negociação da distância entre os sujeitos. O orador que conhece o contexto retórico analisa o auditório e centra seus argumentos num plano verossímil já parte de bases muito persuasivas. Para conseguir seu intento, é fundamental que conheça bem o assunto, que o disponha adequadamente e que o sustente sobre os quatros grandes pilares retóricos: a invenção, a disposição, a elocução e a ação. Os próximos passos analíticos exploram essas partes do sistema retórico.

Passo 2:
o sistema retórico – a invenção

Sensação de impunidade

Fazendeiro acusado de encomendar a morte da freira Dorothy Stang é absolvido pelo júri

Há três anos, o assassinato da freira Dorothy Stang, então com 73 anos, mostrou ao mundo o estágio primitivo de algumas regiões do país. Executada com seis tiros, todos à queima-roupa, em Anapu, no sudoeste do Pará, Dorothy, uma americana naturalizada brasileira, era uma fervorosa defensora da Amazônia. Antes de ser morta, ela tentava implantar um projeto de desenvolvimento sustentável em uma área conflagrada pela disputa de terras entre fazendeiros e grileiros. O caso ganhou repercussão internacional e, talvez por isso, teve uma elogiável ação das autoridades envolvidas. Pouco mais de dois anos depois do crime, dois pistoleiros, o intermediário e os dois mandantes do assassinato já estavam presos e condenados a penas que variavam de dezessete a trinta anos de cadeia. Na semana passada, porém, um novo julgamento absolveu o fazendeiro Vitalmiro Bastos de Moura, apontado como mandante do crime. O que explica a absolvição?

Ao se distanciar da natural sensação de impunidade e do sentimento de indignação, torna-se possível saber o que ocorreu – mesmo que ainda assim se torne difícil aceitar o veredicto. A lei penal brasileira prevê que pessoas condenadas a mais de vinte anos de prisão sejam automaticamente submetidas a um novo júri – a forma torta que se encontrou para prevenir erros judiciais flagrantes. O fazendeiro Vitalmiro beneficiou-se da lei. Sua defesa ganhou tempo para derrubar as frágeis evidências contra ele. No primeiro julgamento, uma das principais testemunhas de acusação era Amair da Cunha, que confessou ter sido o intermediário entre o fazendeiro e os pistoleiros que mataram a freira. Ele contou aos policiais que teria recebido cinquenta mil reais de Vitalmiro como pagamento pela contratação dos assassinos. No julgamento da semana passada, Amair mudou radicalmente sua versão. Disse que fora coagido por policiais a envolver o fazendeiro na trama. O tribunal do júri considerou que, à luz do novo depoimento e na ausência de provas adicionais de envolvimento de Vitalmiro, a absolvição se tornou inevitável. Por que a principal testemunha contra o fazendeiro mudou sua versão inicial? A polícia do Pará não acredita na tese de arrependimento e abre novas frentes de investigação. A mais óbvia é tentar descobrir se a família do contratador de pistoleiros Amair da Cunha recebeu dinheiro do fazendeiro agora absolvido. Há indícios de que recebeu cem mil reais às vésperas do segundo julgamento. Ouvido na polícia, Vitalmiro confirmou a entrega do dinheiro, mas justificou-a como sendo resultado da compra de gado e terras da família de Cunha. Amair foi condenado a 18 anos de prisão. O pistoleiro que executou a freira pegou pena de 27 anos. O fazendeiro Vitalmiro, absolvido da acusação de ser o mandante do crime, está livre.

Fonte: *Veja*, 14 maio 2008, edição 2060, ano 41, n. 19, p. 78.

A questão central poderia ser resumida num *quiasmo*: subordinar o forte ao justo ou o justo ao forte? Essa questão situa a *tensividade retórica*, enfatiza as discordâncias relativas aos conceitos, valores e diferentes visões de mundo. O ato retórico se constrói, então, por uma ação que atua sobre o entendimento e a vontade: discute teses e argumenta a favor delas.

Vale ressaltar, porém, os gêneros oratórios empregados pelo autor: o assunto tematizado é de natureza política e, como já destacamos, todo discurso é, de algum modo, político porque, de uma forma ou de outra, objetiva o bem comum. Nesse sentido, por apresentar preocupações ligadas à coletividade, há, então, presença do gênero deliberativo. Como, porém, não se faz política sobre o passado, é interessante observar que, no contexto em que se insere, o fato requer que o leitor apenas manifeste concordância ou discordância a respeito do que foi dito pelo autor, que tenta exercer profunda influência no auditório e, simultaneamente, louvar as ações de uns e censurar as de outros. Explora, assim, as características do gênero epidítico (laudatório). É exatamente assim o gênero laudatório: compreende tanto o discurso que louva, exalta, glorifica, como também o que vilipendia, censura, injuria, menospreza, e permite ao autor explorar assuntos que se associam a valores ligados ao belo e ao feio, que enaltecem a virtude, que desaprovam o vício, os desmandos e os maus hábitos.

Ao mesmo tempo, encontramos características fortes do gênero judiciário, pois, embora o auditório não esteja em posição de executar um julgamento formal, a posição do orador é de quem acusa para defender uma causa em função do que julga justo ou injusto. O auditório, ainda que sem poderes legais, condena ou absolve os réus. O tempo do discurso é também característico do gênero judiciário, pois só se julga alguém em função de seus atos passados.

O que se pretende ressaltar é que dificilmente encontramos um discurso puro, com predominância absoluta de um determinado gênero oratório. Os gêneros se misturam em doses diversas e indicam um predomínio. É importante, porém, que se atente para o fato de que o gênero epidítico (laudatório) tematiza o belo e o feio, requer do ouvinte uma manifestação ligada ao "gosto"/"não gosto", ao "concordo"/"não concordo", já que o elogio ou a censura exigem do auditório um julgamento subjetivo sobre o valor do discurso; o deliberativo (político) aconselha ou desaconselha uma assembleia para que conclua *se* o que se tematiza será, no futuro, útil ou prejudicial à sociedade; o judiciário, por sua vez, analisa o passado *para* acusar ou defender, para pôr em relevo a justiça ou injustiça de um ato cometido por alguém. Todos são persuasivos e exigem competência argumentativa.

Perscrutando a invenção

É no momento da invenção que o orador demonstra conhecer bem o assunto e, por isso, consegue reunir todos os argumentos plausíveis para a interpretação do discurso. É também nesse momento que se interroga sobre o auditório, identifica-se com ele para que possa estabelecer acordos, encurtar distâncias por meio do assunto que irá desenvolver. A invenção pode ser invisível para o auditório, mas é sensível para o analista, pois se traduz na disposição, na elocução e na ação.

No texto "Sensação de impunidade", o orador dá mostras de bom conhecimento do assunto ao reportar-se ao contexto que antecede seu ato retórico propriamente dito. No momento da invenção, certamente lembrou-se de outra regra fundamental em retórica: o orador precisa parecer sincero para angariar confiança de seu auditório. Demonstra, também, importar-se com o auditório e inicia o texto oferecendo ao leitor a oportunidade de, no momento adequado, fazer das escolhas daquele que argumenta as escolhas de todos. E assim procede fomentando a autonomia do auditório, dosando o trabalho com ideias e emoções.

> Invenção é palavra originada do latim *inventio* e se liga ao verbo *invenire*: descobrir, achar, encontrar. Em retórica, refere-se ao momento de busca das provas que sustentarão o discurso.

O analista, para tentar compreender a invenção, pode lançar algumas perguntas:

O orador deixa marcas no texto que demonstrem solidarizar-se com o auditório (estabelecimento do acordo)?

O que explica a absolvição? Ao se distanciar da *natural* sensação *de impunidade e* do sentimento *de indignação,* torna-se possível saber o que ocorreu – *mesmo que ainda assim* se torne *difícil* aceitar o veredicto.

Fonte: *Veja,* 14 maio 2008, edição 2060, ano 41, n. 19, p. 78.

Destaquemos o problema traduzido em pergunta: subordinar o forte ao justo ou o justo ao forte? O próprio título do texto já congrega os cidadãos amantes da justiça: a sensação de impunidade é incômoda, pois, no discurso judaico-cristão os bons devem ser premiados e os maus castigados. Para não oferecer essa sensação maniqueísta, o orador vale-se de outra pergunta (*o que explica a impunidade?*) e refere-se aos eventos como se os estivesse puramente noticiando. O auditório vai construindo o *ethos* dos supostos malfeitores e da vítima real, a freira assassinada, como se lesse um texto neutro. As marcas textuais, porém, revelam a posição do orador. Para confirmar, basta ler apenas o que está em itálico, menosprezando as demais informações:

– Há três anos, *o assassinato* da freira Dorothy Stang, então com 73 anos, *mostrou ao mundo o estágio primitivo de algumas regiões do país. Executada com seis tiros, todos à queima-roupa* em Anapu, no sudoeste do Pará, *Dorothy, uma* americana naturalizada brasileira, era uma *fervorosa defensora da Amazônia.* Antes de ser morta, ela *tentava implantar um projeto de desenvolvimento sustentável em uma área conflagrada pela disputa de terras entre fazendeiros e grileiros.* O caso ganhou repercussão internacional[e], *talvez por isso,*[teve] *uma elogiável ação das autoridades*[envolvidas.]

Fonte: *Veja,* 14 maio 2008, edição 2060, ano 41, n. 19, p. 78.

O orador parece parcial ou imparcial. Como negocia a distância?

Trata-se, nitidamente de um texto de opinião. As marcas textuais indicam que os argumentos partem de uma posição definida sobre a impunidade no país. Os argumentos, entretanto, são construídos a partir de fatos amplamente noticiados pelos jornais e, assim, o orador explora o verossímil, incute no auditório a sensação de argumentar sobre o que é considerado uma verdade. Ao argumentar por fatos, o orador estabelece acordo com o auditório, pois fatos são argumentos, que – em tese – podem ser verificados e atingem o auditório universal. Entretanto, como acontece com qualquer argumento, todo fato pode ser contestado e, no caso, contesta-se o valor argumentativo do caso exposto, do fato narrado. Ao agir dessa forma, o orador ressalta que as verdades são apenas prováveis e sujeitas aos valores. Os valores, por sua vez, estão na base e no final do ato argumentativo e estabelecem hierarquia de acordo com o auditório.

O orador está preocupado também com o bem e o mal, o digno e o indigno, mas faz incidir a questão no justo e no injusto. Como se ocupa da natureza de um ato jurídico, explora três aspectos, ensinados por Aristóteles na *Arte retórica.*

Qual a natureza e número dos motivos tematizados que induzem os envolvidos a cometer uma injustiça?

Será justo absolver um mandante de um crime a partir de um depoimento de uma testemunha pouco crível e que, por todos os indícios, fora ressarcida regiamente para depor? O que levaria alguém a mandar matar outro alguém? O que há por trás de um projeto de desenvolvimento sustentável?

> O tribunal do júri considerou que, à luz do novo depoimento e na ausência de provas adicionais de envolvimento de Vitalmiro, a absolvição se tornou inevitável.
>
> Fonte: *Veja*, 14 maio 2008, edição 2060, ano 41, n. 19, p. 78.

Para Aristóteles, cometer uma injustiça é causar voluntariamente dano a alguém, por meio da violação das leis. O fazendeiro valera-se da lei penal para defender-se. O júri aplicara a lei para absolver. Por isso, de acordo com a lei, não houve injustiça. A sensação de impunidade, porém, permanece. Vale a pena ler o trecho do filósofo em *Arte retórica* para refletir sobre cumprimento de leis e disposições humanas:

> Ora, a lei é, ou particular, ou comum. Chamo de lei particular, a que está escrita e rege a cidade; leis comuns, todas as que, não sendo escritas, parece serem reconhecidas por todos os povos. [...] Os motivos que impelem os homens, após escolha premeditada, a causarem dano a outrem e procederem mal para com ele, violando as leis, são a maldade e a intemperança. Com efeito, possuir um ou mais vícios é mostrar-se injusto relativamente ao objeto do vício; por exemplo, o avarento relativamente à riqueza; [...] O ambicioso deixa-se arrastar pelas honras; o colérico, pela ira; o cobiçoso de triunfar, pela vitória; o rancoroso, pela vingança; o insensato, porque se deixa iludir no concernente ao justo e ao injusto; o insolente, pelo desprezo que sente pela boa reputação. O mesmo sucede com os restantes: cada um é injusto com relação ao objeto de seu vício.
>
> Fonte: ARISTÓTELES. *Arte retórica*. Trad. Antonio Pinto de Carvalho. Rio de Janeiro: Tecnoprint, s/d, p. 67.

Quais as qualidades e disposições do júri que cometeu a injustiça?

Essa não é uma questão plenamente respondida no texto, mas é nitidamente indicada no título: "Sensação de impunidade". A discussão que o orador faz sobre o caráter da testemunha também serve de baliza para uma resposta não exteriorizada, mas sensivelmente dita. O júri oficial rendeu-se aos termos da lei, pois a "defesa [de Vitalmiro] ganhou tempo para derrubar as frágeis evidências contra ele". A argumentação é densa e clara: de acordo com a visão do orador, a justiça é sujeita a discussões. Na visão do orador, não foi possível, no caso, fazer com que o justo fosse forte e, assim, fez-se o forte parecer justo. A sensação de impunidade (*pathos*) toma conta do auditório pela constatação, triste, de que a força (a testemunha foi supostamente paga para dizer o que disse) não reina sobre o Direito, mas pode disfarçar-se nele. Sem tomarmos partido na história, o fato é que, de qualquer modo, o Lobo dessa aventura (o suposto mandante do crime) ficou exposto e precisou argumentar para defender-se. Ainda que tivesse a força do dinheiro a seu favor, viu-se enfraquecido pela força de outras forças: precisou submeter-se a um julgamento legal e essa submissão é uma forma de perda temporária dos poderes angariados. Enfim, o fazendeiro se quer justo, ainda que por meio de argumentos (supostamente) falsos.

Quais são as qualidades e disposições das vítimas?

A vítima, física e primeira, é a freira Dorothy. No texto, o réu penal (suposta vítima de calúnia), absolvido, é o fazendeiro, também supostamente o mandante do crime. Há uma terceira vítima indicada pelo orador: o auditório, quando invadido por uma sensação de impunidade. Há um júri que agiu estritamente de acordo com a lei, que por certo se pautou no tripé do poder: legalidade, eficácia, legitimidade. O resultado legal pode ter sido a obediência aos princípios da lei, mas o resultado deixado, de acordo com o orador, foi uma inevitável e dolorida sensação de impunidade. A vítima julgada, então, tem disposição para vilão. A libertação do réu no segundo julgamento pode ter sido justa, mas para o orador há ações mais justas do que as consideradas justas.

Um pensamento de Pascal (morto em 1662) ilustra bem o digladiar constante da justiça com a força e nos convida a uma reflexão comparativa sobre o texto em análise, a lei, o direito ao Direito, a retórica dos poderosos e a condição humana:

> É justo que o justo seja seguido, é necessário que o mais forte seja seguido. A justiça sem força é impotente; a força sem justiça é tirânica. A justiça sem força é contraditada porque sempre há perversos; a força sem justiça é acusada. Portanto, é preciso juntar justiça e força; e, para isso, que seja forte aquilo que é justo, ou que seja justo aquilo que é forte.
> A justiça está sujeita a discussões, a força é facilmente reconhecível e não se discute. Assim, não se pode dar força à justiça, porque a força contradisse a justiça, dizendo que esta era injusta, e que só ela mesma era justa. E assim, não podendo fazer com que o justo fosse forte, fez-se o forte ser justo. (PASCAL apud REBOUL, 1998: 144)

Os lugares retóricos

> De modo bem simples, os lugares são grandes armazéns de argumentos, utilizados para estabelecer acordos com o auditório. O objetivo é indicar premissas de ordem ampla e geral, usadas para assegurar a adesão a determinados valores e, assim, re-hierarquizar as crenças do auditório.

Quais são os lugares retóricos explorados pelo autor para fornecer as provas?

As provas, em retórica, possuem um objetivo claro: persuadir. Sustentam-se sobre raciocínios que, exteriorizados, constituem-se no que conhecemos por argumentos.

> Sua defesa ganhou tempo para derrubar as frágeis evidências contra ele. [...] O tribunal do júri considerou que, à luz do novo depoimento e na ausência de provas adicionais de envolvimento de Vitalmiro, a absolvição se tornou inevitável.
>
> Fonte: *Veja*, 14 maio 2008, edição 2060, ano 41, n. 19, p. 78.

Aqui, o autor ressalta um fato de natureza matemática: havia um *número* maior de evidências a favor da inocência do réu do que o número de evidências contrárias. Explora, em função de seus objetivos, o que, em retórica, se chama *lugar da quantidade*. Para o júri, o quantitativo se impôs aos valores qualitativos e saiu vencedor.

Para dizer o que disse, o orador valeu-se de um momento da invenção que consiste em procurar, em uma espécie de armazém virtual (lugares), uma forma de criar um argumento que movesse seu auditório. Aristóteles criou uma disciplina, denominada *Tópica* para estudar a invenção. O objetivo era encontrar os lugares (*topói*) comuns de onde se originam as provas.

Para o pensador grego, havia o lugar do acidente, da definição, da divisão, da etimologia, do gênero, da espécie, diferença, propriedade, casualidade, termos contrários e vários outros. Perelman e Olbrechts-Tyteca simplificaram os *topói* em duas grandes divisões: os *lugares da quantidade* e os *lugares da qualidade*. Os fundadores da nova retórica os consideram como a premissa maior dos silogismos, aquela que representa uma opinião geral, ampla, aceita pelos ouvintes, capaz de levá-los a aceitar a conclusão:

Premissa maior: *Os mais fortes sempre vencem.*

Premissa menor: *Ora, ganhamos a causa em disputa.*

Conclusão: *Logo, somos os mais fortes.*

Os lugares, então, ligam-se à exploração da hierarquia de valores do auditório, pretendem reforçar a intensidade da adesão que suscitam e ficam à disposição do orador para criação dos argumentos. Em função da natureza deste livro, trataremos apenas dos lugares retóricos estudados por Perelman e Olbrechts-Tyteca no *Tratado de argumentação* (1996).

O lugar da qualidade

AméricaEconomia é a única revista brasileira que oferece cobertura econômica da América Latina em contexto global. Agora com novo projeto gráfico e mais destaque para o Brasil, é a publicação que faltava para informar e gerar oportunidades de negócios para empresários latino-americanos.
AméricaEconomia.
Líder em vendas na América Latina para líderes de todo o mundo.

Fonte: *Caras*, 22 jan. 2010, edição 846, ano 17, n. 4.

Esse lugar retórico é muito comum nas propagandas, pois consiste na afirmação de que algo se impõe sobre os demais de sua espécie por ter mais qualidade, porque é único ou raro, original. O valor do único, do raro, expõe-se por sua oposição ao comum, ao vulgar, ao corriqueiro:

> LEITE NINHO – O melhor do mundo!
> Ninho é fabricado com leite de ordenha recente e de **1ª qualidade**. Quando você toma o seu copo de leite Ninho pode ter a certeza de que está bebendo **o melhor** leite do mundo... obtido de vacas que vivem ao ar livre, alimentando-se de ricas pastagens.
> Diga também para os seus:
> Leite Ninho – **o melhor!**
> Fonte: http://www.propagandasantigas.blogger.com.br. Acesso em: 15 mar. 2009).

O lugar da quantidade

Encontramos o lugar da quantidade quando se afirma que uma coisa é melhor que a outra por motivos quantitativos. Funcionam como uma premissa maior subentendida, mas necessária para fundamentar a conclusão.

Números são sempre persuasivos. Um candidato a um cargo público pode, pelo lugar da quantidade, mostrar que recebeu milhões de votos na eleição anterior e isso se deve à sua superioridade, em um plano ou outro, sobre os demais candidatos. Outro, pode alegar ter recebido menos votos, mas servido a um número significativo de eleitores e, assim, o mérito está, não no número de votos, mas na quantidade de pessoas às quais se prestam serviços. No discurso judiciário, um meio comum de terminar o discurso se dá pela exploração do lugar da quantidade:

> "Se deixardes impune o seu crime, haverá *multidões de imitadores*. Muitos esperam com impaciência o vosso veredicto". (Montaigne, apud Reboul, 1998: 51).

Um pai também pode escolher o lugar da quantidade quando aconselha o filho a beber *com moderação* e ao alegar que uma *quantidade* maior de bebida ingerida não o tornará melhor do que já é, mas apenas aumentará a vergonha, no dia seguinte, quando estiver diante daqueles que presenciaram a cena de bebedeira.

Estatísticas também são úteis para mostrar que há piores e melhores em uma classe e os melhores podem ser selecionados a partir do resultado numérico:

Nota zero

É lamentável, tanto mais por não trazer surpresa nenhuma, o resultado da prova de classificação para professores temporários aplicadas pelo governo estadual de São Paulo. Nada menos que 1.500 docentes foram incapazes de acertar uma única questão entre as 25 do teste de conhecimento. E todos eles, absurdo dos absurdos, estarão em sala de aula na próxima segunda-feira.

O contingente dos nota-zero representa só 1,5% do universo de 100 mil temporários – necessários para completar o quadro, dada a carência de profissionais concursados –, num corpo docente de 230 mil. Trata-se, porém, da famigerada ponta do iceberg: estimativa preliminar indica que 50% não obtiveram nem nota cinco. Poucos acreditam que a situação entre os 130 mil concursados seja muito melhor.

Fonte: *Folha de S.Paulo*, Opinião, 11 fev. 2009.

A quantidade, traduzida em lucro e benefício, também é utilizada como argumento em muitos casos:

A soma não é zero
O escocês Adam Smith refutou, no século XVIII, a ideia de que uma nação enriquece necessariamente à custa do empobrecimento de outras. O comércio internacional é um jogo em que todos ganham. Graças à exportação de suco de laranja para a Europa, por exemplo, o Brasil pode importar vinho da França. Ganham franceses e brasileiros.
Fonte: *Veja*, 14 mai. 2008, edição 2060, ano 41, n. 19, p. 110.

Outros lugares

Os precursores da nova retórica afirmam que todos os lugares podem ser reduzidos ao da quantidade e da qualidade, mas consagram também os lugares da ordem, do existente, da essência e da pessoa.

– **O lugar da ordem**: afirma a superioridade do anterior sobre o posterior. Por exemplo, o que é causa é superior aos efeitos e, por isso, lhe é superior: "Estudou em nossa escola. Por isso foi aprovado em todos os processos seletivos para a faculdade".

Não raro, por meio do raciocínio apodítico (autoritário, imperativo), os publicitários criam princípios e os divulgam com o peso de uma verdade inquestionável que, por parecer superior, não pode ser contestado. É o caso nítido da propaganda a seguir, em que o publicitário explora o lugar da ordem ao afirmar que sua empresa é a única que oferece a qualidade esperada pelos empresários de ensino:

Sistema Positivo de ensino.
O que a sua escola quer, do jeito que só a gente oferece.
Fonte: *Nova Escola*, ano XXV, n. 230, mar. 2010, p. 2.

– O lugar do existente: afirma a superioridade do que existe, do que é atual, real, sobre o possível, eventual ou impossível.

Uma famosa canção de Roberto Carlos e Erasmo Carlos mostra, claramente, o emprego do lugar do existente, uma vez que o orador expressa a vantagem do que já existe sobre o provável:

> *Detalhes*
> Não adianta nem tentar me esquecer.
> Durante muito tempo em sua vida eu vou viver.
> Detalhes tão pequenos de nós dois
> São coisas muito grandes pra esquecer
> E a toda hora vão estar presentes, você vai ver.
> Se um outro cabeludo aparecer na sua vida
> E isso lhe trouxer saudades minhas
> A culpa é sua
>
> Fonte: *Violão com Roberto Carlos*, ano I, n. 6, São Paulo: Promocional, 1998, pp. 8-9.)

Os lugares do existente sustentam-se em um acordo sobre a realidade e o orador esforça-se para tirar deles um aspecto inesperado, uma mudança de nível, uma nova concepção do já vivido.

– O lugar da essência: afirma a superioridade dos indivíduos que melhor representam a classe à qual pertencem, seres que são modelos bem caracterizados de uma essência, aqueles que encarnam melhor um padrão, uma função. Trata-se de destacar o excelente em uma comparação de um com vários da mesma espécie.

Qual o símbolo maior do futebol no mundo? Pelé encarna o lugar da essência para os brasileiros, assim como Maradona para os argentinos. A essência do desapego e da caridade é encontrada em Madre Tereza de Calcutá. Alguns políticos representam a excelência de sua classe, outros a vilania (o pior dos piores).

Num outro plano, a publicidade transforma os produtos que vende pela utilização do lugar da essência. Vários *slogans* comprovam como a essência de um produto se traduz em marca:

> Tinta é Coral.
> Hellmann's, a verdadeira maionese.
> Se é Bayer, é bom.

A orelha do livro *Os ambiciosos*, de Harold Robbins, utiliza o lugar da essência para promover o autor:

> Harold Robbins não é apenas o escritor mais bem-sucedido e lido do mundo: é também um dos poucos autores modernos, se não mesmo o único, a tratar com força marcante dos assuntos mais importantes de nosso tempo em livros dinâmicos e de leitura extremamente agradável.
>
> Fonte: ROBBINS, Harold. *Os ambiciosos*, Rio de Janeiro: Record, 1979.

– **O lugar derivado do valor da pessoa**: não raro, o argumento incide sobre o mérito de um ato realizado por uma pessoa para ressaltar a dignidade, a autonomia, a coragem, o senso de justiça. Quando isso ocorre, o orador explora o lugar derivado do valor da pessoa e, assim, estabelece hierarquias muitas vezes indispensáveis no ato retórico. Nesse lugar, o humano é ressaltado sobre todas as coisas.

O texto sobre a irmã Dorothy utiliza-se do lugar derivado do valor da pessoa:

> Executada com seis tiros, todos à queima-roupa, em Anapu, no sudoeste do Pará, Dorothy, uma americana naturalizada brasileira, era uma *fervorosa defensora* da Amazônia. Antes de ser morta, ela *tentava implantar um projeto* de desenvolvimento sustentável em uma área conflagrada pela disputa de terras entre fazendeiros e grileiros.
>
> Fonte: *Veja*, 14 maio 2008, edição 2060, ano 41, n. 19, p. 78.

O texto a seguir ilustra os méritos de um homem disposto a sobrepujar as dificuldades. Observe-se que, no diálogo, no interior do texto, a personagem emprega o lugar da quantidade. O orador, porém, vale-se do lugar derivado do valor da pessoa para tornar seu texto persuasivo:

> Lemos na vida do grande inventor Thomas Alva Edison que esse homem fez nada menos de 700 experimentos infrutíferos, durante longos anos, para criar uma lâmpada de filamentos incandescentes, como as que hoje em dia usamos. Finalmente, um dos seus auxiliares, desanimado com tantos fracassos, sugeriu a Edison que desistisse de futuras tentativas, já que, depois de 700 tentativas, não havia avançado um só passo.
> "O quê?", exclamou o genial inventor, "não avançamos um passo?". Avançamos 700 passos rumo ao êxito final! Sabemos de 700 coisas que não deram certo! Estamos para além de 700 ilusões que mantínhamos anos atrás e que hoje não nos iludem mais. E a isso você chama de perda de tempo?
> Esse homem estava habituado a pensar positivamente – segredo dos seus estupendos triunfos.
>
> Fonte: ROHDEN, Huberto. *O caminho da felicidade*: curso de filosofia de vida, São Paulo: Martin Claret, 2005.

Em nossos dias, com a força indiscutível da retórica da propaganda, vemos que novos lugares se adicionam àqueles definidos por Aristóteles. É possível pensar que o publicitário não vende produtos (afinal, precisam ganhar a vida e vender tanto a maionese X quanto a Y, tanto o condicionador Z quanto o outro), mas "lugares", isto é, valem-se do lugar retórico, dos argumentos-tipo, para fixar uma marca. Quando o publicitário coloca uma atriz maravilhosamente bela para vender um produto para o cabelo, busca a persuasão pelo lugar da beleza. Quando vende cremes que parecem ser capazes de transformar maracujá em pêssego, tal a capacidade para rejuvenescer a pele, explora o lugar da juventude. Quando quer requintar um produto, associa o lugar da elegância com o do *status* e promove marcas até de produtos pouco saudáveis.

Relacionamos os lugares mais comuns:

lugar da juventude;
lugar da beleza;
lugar da sedução;
lugar da saúde;
lugar do prazer;
lugar do *status*;
lugar da diferença;
lugar da tradição;
lugar da modernidade;
lugar da autenticidade;
lugar da qualidade/preço.

Esses lugares contemporâneos, que estão mais nitidamente na publicidade, aparecem também em outros discursos, como o político, por exemplo.

O orador se vale das provas apregoadas pela retórica aristotélica?

Em nossos dias, a retórica, por força dos meios de comunicação, se aproxima dos mais diversos auditórios como ação sobre o entendimento e a vontade, como força que conjuga capacidades intelectuais e afetivas – vistas como indissociáveis –, como potência que possibilita a construção por meio de fatores subjetivos dos sujeitos, da realidade e dos discursos. Os estudos sobre argumentação ganharam novas formas de analisar o discurso. A base da retórica de Aristóteles, porém, ainda é útil para dirigir o olhar do analista.

Provas lógicas

O *logos*

Até o século VI a.c. a palavra *logos* significava palavra escrita ou falada, o verbo. A partir dos estudos filosóficos de Heráclito de Éfeso, passou a ter o conceito de razão. Em sentido amplo, todo discurso se constrói em torno de um tema que é problematizado e gera questões. O *logos*, dentre as provas, se encarrega do discurso persuasivo, pois por meio dele demonstramos o que parece ser verdade de acordo com que se conhece de cada assunto. As provas lógicas (centradas no *logos*) utilizam, então, raciocínios como meio de persuadir.

Nas próximas etapas dessa proposta de análise nos deteremos sobre os raciocínios retóricos, conhecidos como provas lógicas. Aristóteles classifica os raciocínios em dedutivos e indutivos. As provas dedutivas se corporificam nos silogismos que, em retórica, são denominados de *entimemas*. O silogismo estrito contém três premissas: uma principal, com valor universal (Todos os seres humanos vivos respiram); uma premissa menor, continuativa, que carrega o consequente (Ora, Juracy é um ser humano vivo) e uma conclusiva (Logo, Juracy respira).

> Do ponto de vista material, do conteúdo, o silogismo pode ser *apodítico*, composto de premissas verdadeiras e certas que levam a uma conclusão também certa; *dialético*, que parte de premissas apenas prováveis, admitidas e verossímeis; e *sofístico*, que tenta fazer passar o falso por verdadeiro. O silogismo dialético foi chamado de entimema por Aristóteles, porque se refere ao provável, não estabelece a certeza, mas a probabilidade e a opinião.

O exemplo, prova indutiva, parte do particular para o particular, da parte para a parte. Trabalha por meio da analogia, pois propicia a comparação. Consegue provar porque conduz a um tipo de raciocínio extraído, dentre outros, dos fatos cotidianos, históricos e narrativos.

Se o discurso pretende ser persuasivo, solicita confirmação do tema que é tratado pelo orador. As provas funcionam como os elementos que sustentam a argumentação.

Quais são as provas extrínsecas utilizadas pelo orador?

Os recursos da inventividade humana são incontáveis. A retórica aristotélica recomendava olhar atento sobre as provas que podem ser extrínsecas ou intrínsecas.

> Provas extrínsecas (independentes, extratécnicas ou inartificiais) são aquelas que têm sua fonte numa circunstância externa. Não são ensinadas pela retórica, mas, sim, colhidas no mundo exterior e utilizadas em benefício dos propósitos do orador. São eventuais e variáveis e dependem, sempre, de outras esferas do conhecimento.

São exemplos de provas extrínsecas: a mancha de sangue, a impressão digital, os termos da lei, as testemunhas, os contratos, a confissão, os juramentos, as citações das autoridades.

No texto que analisamos, o corpo de jurados deu crédito a uma prova extrínseca para absolver o fazendeiro:

> Ouvido na polícia, Vitalmiro *confirmou* a entrega do dinheiro, mas *justificou*-a como sendo resultado da compra de gado e terras da família de Cunha.
>
> Fonte: *Veja*, 14 maio 2008, edição 2060, ano 41, n. 19, p. 78.

Como a retórica se situa no campo da controvérsia, do debate e da discussão, as provas extrínsecas são muito utilizadas para provar uma intenção, assegurar a veracidade de um fato ou de uma ideia, para mostrar que o que se argumenta pauta-se no verossímil, no possível de ser provado, numa dependência direta das disposições do auditório.

Quais são as provas intrínsecas utilizadas pelo orador?

Ao orador, também, compete a procura de provas que precisam ser criadas com os artifícios da própria retórica e constituem as denominadas provas intrínsecas. Estas, dependentes da arte retórica, são de três espécies: residem no caráter moral do orador (*ethos*), nas disposições criadas no auditório (*pathos*), no próprio discurso (*logos*).

> Provas intrínsecas (dependentes, técnicas, artificiais) são internas à retórica. Para Aristóteles ou são raciocínios (silogismos, entimemas) ou são exemplos. Os raciocínios constituem-se nas provas intrínsecas por excelência.

As provas intrínsecas são divididas em *lógicas* (os silogismos, os entimemas e os exemplos) e *psicológicas* (éticas e patéticas). De modo simples, as provas lógicas pretendem convencer (mover pela razão) e as psicológicas, persuadir (mover pela emoção).

> Entimema é um tipo de silogismo que, do ponto de vista formal, omite, por elipse, uma proposição. O conteúdo do entimema precisa ser provável, dialético, persuasivo.

As ações humanas, *grosso modo*, se apoiam sobre juízos que poderiam também ser de outra maneira e que não procedem de algo necessário. Os raciocínios que tratam da ação e da convicção abrangem, pois, o sistema de opiniões estabelecidas (o plausível) e os fatos que acontecem na maioria das vezes (o provável).

Os raciocínios

Como o propósito deste livro é fornecer informações básicas para a análise retórica, trataremos apenas dos *raciocínios*, componentes argumentativos que se valem da dedução e que, de acordo com a retórica antiga, podem ser:

– *Raciocínios apodíticos* (demonstrativos ou científicos): operam-se com premissas verdadeiras e com premissas que produzem efeito de sentido de verdade. As premissas verdadeiras e certas conduzem a uma conclusão também verdadeira e certa, pois derivada da evidência. Caracterizam-se pelo conhecimento das causas e necessidades que constituem a demonstração, que é uma espécie de silogismo. Existe silogismo quando as premissas são verdadeiras, primeiras, imediatas, mais notáveis e causas da conclusão. As hipóteses são afastadas e cria-se condição para o encontro com uma verdade julgada necessária.

A racionalidade apodítica é imperativa, quase indiscutível, ligada ao método científico. Por serem autoritários (no sentido de afirmar uma "verdade"), os apodíticos exploram premissas implícitas, muito comuns nos *slogans* publicitários.

Quando, por exemplo, dizemos a respeito de uma maionese qualquer que ela é a verdadeira, sem levar em conta todas as outras, valemo-nos do raciocínio apodítico, que embute outras premissas.

Aceitamos, por força dessa modalidade de raciocínio, traduzido em entimema, que uma palha de aço tenha mil e uma utilidades, embora saibamos, no plano racional, ser impossível que cumpra tantas funções. A *hipérbole* (figura do exagero) usada pelo publicitário traz raciocínios implícitos: "Você quer a melhor palha de aço. A nossa tem mil e uma utilidades. As outras, não. Portanto, é melhor você usar a nossa palha de aço". Assim, o lugar da qualidade (a única palha de aço que tem mil e uma utilidades), associado ao lugar da quantidade, traduzidos, em língua, por um entimema com raciocínios apodíticos implícitos ligados a uma verdade, produzem um *slogan* altamente persuasivo.

Muitos anúncios sustentam-se sobre o raciocínio apodítico: *Assine Veja agora* – para justificar o comando autoritário, a "ordem", o orador oferece desconto, brindes, promete edições exclusivas para assinantes e, no final, vale-se ainda do imperativo: *Ligue para assinar*. A obrigação de assinar a revista se impõe como uma necessidade inquestionável, indispensável, porque *Em Veja você encontra informação confiável e esclarecedora para entender melhor o que acontece no Brasil e no mundo*.

– *Raciocínios dialéticos* (ou prováveis): partem de uma premissa provável, admitida por todos ou pela maioria do auditório, pelos mais notáveis e mais ilustres sábios e geram uma conclusão razoável, altamente provável, embora não absolutamente certa porque produto de crença, de opinião. Os raciocínios dialéticos são verossímeis porque concordam com a crença mais comum, com a opinião corrente. Desse modo, quebram a inflexibilidade do raciocínio apodítico, aproximam o auditório de suas aspirações e apontam, aparentemente, para mais de uma conclusão possível. Evidentemente, a forma como as premissas são formuladas remetem à conclusão mais aceitável. Tais raciocínios conclamam a razão, procuram convencer.

O instrumento do raciocínio dialético é a argumentação, a exploração do silogismo dedutivo: inferência das premissas e conclusão. O texto "Donos da rua" mostra, por meio de raciocínios dialéticos, como persuadir o auditório a adotar um animal:

Donos da rua

Longe de serem cães e gatos sem dono, animais comunitá-rios ou semidomiciliados fazem a alegria da vizinhança, mas também precisam de cuidados para se manter sau-dáveis e de bem com a sociedade.

No bar do "seu" Milo Felipe, 70, em uma esquina do bair-ro Pompeia, a clientela toda conhece Lobo. O cão SRD, idade estimada em 12 anos, passa os dias ali. Faz festinha para um, come um belisco oferecido por outro, cochila, mas, quando quer, sai sem avisar para dar suas voltas. "Ele adora o meu funcionário que cuida da churrasqueira. E uma das vizinhas prepara uma comida especial com arroz, carne e vegetais, que ele come fresquinha duas vezes ao dia", conta Milo.

De bobo, Lobo não tem nada. Cachorro de rua, há mais de dez anos ele arrumou pelo menos meia dúzia de donos que o alimentam, oferecem abrigo à noite, levam-no para tomar banho e para consultas no veterinário.

Lobo é um animal semidomiciliado, isto é, recebe cui-dados, porém não tem um dono ou residência fixa. "Há muitos casos desse tipo. É claro que seria melhor se os bichos pudessem ter um dono com posse responsável. Mas, na falta de um, eu recomendo que as pessoas que cuidam se comuniquem sempre para dividir as tarefas e também para saber se ele está comendo normalmente ou se há algo de diferente em seu comportamento", explica o veterinário Daniel Svevo, do Projeto Cão Cidadão, organização que apoia a posse responsável e o bem-estar animal. Mesmo que não haja um só responsável pelo bicho, o Centro de Controle de Zoonose de São Paulo recomenda que se estipule um "dono no papel". Assim é possível fazer um Registro Geral Animal (RGA) e colocar a plaquinha com um número de identificação em sua coleira. "Todo animal encontrado solto em via pública, que esteja portando a coleira com o número do RGA, quando é trazido ao CCZ pode ser devolvido, pois, imediatamente, entramos em contato com seu proprietário ou responsável", explica a veterinária Elisabete Aparecida da Silva.

Fonte: MARCUCCI, Cíntia. *Revista da Folha*, ano 16, 2 dez. 2007, p. 30.

Premissas admitidas pelo auditório:

Os animais precisam ser bem cuidados.
Ora, animais bem cuidados têm um dono.

Conclusão sugerida pelo orador:
Portanto, adote um animal de rua.

Ao partir de uma premissa aceita pelo auditório (Os animais precisam de proteção), por meio de argumentos que apelam para a razão e com o auxílio de argumentos de autoridades (veterinários), a autora apela para o bom-senso do leitor e, sem ser imperativa, como aconteceria se usasse o raciocínio apodítico (Adote um animal de rua!), leva-o à mesma conclusão (Adote um animal de rua, pois essa é sua melhor escolha).

O raciocínio dialético, como todos os outros, é altamente persuasivo. Aparenta deixar ao leitor uma opção de escolha, mas indica claramente o caminho a ser seguido, a partir de um apelo à racionalidade.

Como a característica da dialética é trabalhar com o provável (*éndoxon*), seus princípios são gerais e comuns (enquanto os da ciência – apodíticos – são particulares). Assim, os raciocínios dialéticos tratam dos problemas ligados à moral, mais do que dos físicos ou lógicos, embora se ocupem de tudo o que puder ser considerado comum.

Raciocínios falaciosos: como se viu, o raciocínio dialético não parte de princípios incontestáveis, mas vale-se da *doxa*, do sistema de opiniões comuns. Os caminhos do raciocínio indicam hipóteses, o caráter menos ou mais plausível de uma tese. O raciocínio apodítico, por sua vez, ligado às ciências, tem por característica a universalidade e a necessidade. Afasta-se da opinião que não tem aceitação universal nem necessária. A racionalidade apodítica e a dialética constituem duas "lógicas" diferentes, dois aspectos da demonstração.

Às vezes, os argumentos utilizados são logicamente inconsistentes, sem fundamentos válidos ou que falham na capacidade de provar eficazmente o que alegam. Nesses casos, estamos diante de uma falácia, que não é propriamente uma mentira, mas uma forma, proposital ou não, de condução do raciocínio, de modo a parecer convincente para o auditório, uma vez que o orador pode valer-se de um raciocínio que se traduz em argumentos com apelos de validade emocional, mas não de validade lógica:

1. Se o islamismo é baseado na fé e o cristianismo também é baseado na fé, só podemos concluir que islamismo e cristianismo são uma única religião.

2. Você, sem dúvida, é pessoa de muito bom gosto. Pode, se quiser, usar roupas baratas, mas pelo seu estilo, ficará bem melhor nessa calça mais cara.

Aristóteles não se preocupou somente em apresentar uma conexão entre discurso e verdade de uma proposição. Considerou também a dimensão da comunicabilidade na relação orador-auditório. Preocupou-se, pois, com a dimensão intersubjetiva e dialogal do uso da linguagem, com o mundo das opiniões, das crenças sociais que passaram a ser o critério da argumentação retórica. De modo bem simples, tanto a dialética quanto a retórica tratam das questões comuns: a dialética por meio do apelo à razão; a retórica, sobretudo, por meio do apelo à emoção (razão e emoção, em retórica, são inseparáveis). A dialética sabe provar uma tese por meio da refutação de teses improváveis no interior de um diálogo. A retórica sabe defender a tese mais provável por meio da persuasão. A retórica mostra a necessidade de uma tese ser aceita e assumida pelo auditório no momento do ato retórico, durante o discurso. Tanto a retórica quanto a dialética são úteis por operarem nos campos que não comportam necessidades, mas que precisam de esclarecimentos. No mundo da opinião, uma tese pode ser menos ou mais válida que outra, mas não mais falsa ou verdadeira que outra.

Para o analista, é interessante estar atento à amoralidade retórica que não consiste em usar argumentos injustos ou falsos, mas em estar prevenido contra quem os usa. Modernamente, sabemos que os sofistas deram enorme contribuição para a descrição dos procedimentos de construção do discurso. Há uma visão antiga dos sofistas que só se justifica à luz da filosofia de Platão. O que sabemos hoje é que alguns sofistas valiam-se do exercício discursivo para ressaltar as artimanhas retóricas e para ensinar o aprendiz de retórica a ser capaz de concluir em dois sentidos contrários, pois o objetivo era vencer o interlocutor a qualquer preço. Não se pode perder de vista que a retórica é baseada no verossímil e não no verdadeiro, é amplamente polêmica, manipula os fatos e os espíritos, mistura o afetivo e o racional. A retórica se corporifica no discurso público, é o instrumento da opinião e, por isso, sujeita a práticas de toda natureza. Os raciocínios sofísticos não são raros em retórica, embora quase nunca apareçam com a simplicidade jocosa dos exemplos a seguir:

Premissa maior (universal): Cão é uma constelação (verdadeira).

Premissa menor (particular): Ora, o cão ladra (verdadeira).

Conclusão: Logo, a constelação ladra (falsa).

Observe-se que, como não há relação objetiva entre a premissa maior e a menor (Cão/cão), o resultado é forçadamente equivocado.

Premissa maior: Quem está deitado não anda.

Premissa menor: Ora, Raquel está deitada.

Conclusão: Logo, Raquel não anda.

Como um texto está sempre em diálogo com outros textos, a opinião pública, quando descobre falácias, se manifesta em outros textos, demonstra a captação de argumentos que considera sofísticos, vale-se do espaço democrático e conclama à ação por meio de um novo ato retórico, como se pode notar no texto de Clóvis Rossi:

Piscou

Viu como às vezes funciona a pressão da opinião pública? O presidente do Senado, José Sarney, aquele que dizia que a crise não é dele, mas do Senado, piscou três vezes. Primeiro, na entrevista que concedeu à Folha. Não funcionou. Depois, em discurso no plenário da Casa. Não funcionou. Ontem, deu a piscadela definitiva ao anunciar algumas tímidas medidas para escapar do imbróglio em que ele e o Senado se meteram.

É pouco? É. Pode nem ir adiante se a mídia se distrair? Pode. Pode acontecer de serem punidos apenas funcionários, graduados ou nem tanto, em vez de senadores, especialmente os graúdos? Pode.

Mas é mais do que o "não sei", "não vi", "não há atos secretos" (embora os atos tampouco sejam públicos).

Limpar a política brasileira, mesmo que seja um tiquinho, só se fará assim, na pressão, na marcação individual. Para meu gosto, aliás a incrível sucessão de escândalos deste ano, tanto no Senado como na Câmara, demandaria no mínimo numa marcha como a que se fez anteontem em São Paulo contra a reitora da USP e contra a presença da polícia no *campus*.

Não estou dizendo que a reitora seja farinha do mesmo saco dos políticos ou que a manifestação tenha sido de anjos impecáveis. Não. O que estou dizendo é que, ou a maioria assume de uma boa vez que a rua é onde se marcam posições e se buscam soluções, ou ficaremos eternamente resmungando na internet contra os maus políticos, os baderneiros e vai por aí.

Entendo perfeitamente a dificuldade de organizar manifestações contra os senadores. Não há um só grupo partidário que esteja disposto a encabeçá-lo ou ao menos aderir a elas.

E a sociedade civil parece atordoada, incapaz de reagir a não ser teclando, em casa mesmo, o e-mail de alguém para desovar o seu protesto, que cairá no silêncio.

Fonte: ROSSI, Clóvis, *Folha de S.Paulo*, Opinião, 20 jun. 2009.

O texto do jornalista servirá de base para a demonstração de mais uma prova intrínseca de natureza lógica: podemos provar também pela contribuição dos *exemplos*, uma forma indutiva que se pauta no raciocínio analógico, extraído do cotidiano, das narrativas literárias, da História, como se pode notar no texto de Rossi:

Para meu gosto, aliás a incrível sucessão de escândalos deste ano, tanto no Senado como na Câmara, demandaria no *mínimo numa marcha como a que se fez anteontem em São Paulo* contra a reitora da USP e contra a presença da polícia no Campus. Não estou dizendo que a reitora seja farinha do mesmo saco dos políticos ou que a manifestação tenha sido de anjos impecáveis. Não. O que estou dizendo é que, ou a maioria assume de uma boa vez que a rua é onde se marcam posições e se buscam soluções, ou ficaremos eternamente resmungando na internet contra os maus políticos, os baderneiros e vai por aí.

Fonte: ROSSI, Clóvis, *Folha de S.Paulo*, Opinião, 20 jun. 2009.

O discurso religioso é repleto de argumentação pelo exemplo, como podemos notar no fragmento a seguir, retirado de Lucas 6:

As espigas colhidas em dia de sábado
1 Em dia de sábado, Jesus atravessava umas plantações; seus discípulos iam colhendo espigas (de trigo), as debulhavam na mão e comiam. 2 Alguns dos fariseus lhes diziam: "Por que fazeis o que não é permitido no sábado?" 3 Jesus respondeu: "acaso não tendes lido o que fez Davi, quando teve fome, ele e os seus companheiros; 4 como entrou na casa de Deus e tomou os pães da proposição e deles comeu e deu aos seus companheiros, se bem que só aos sacerdotes era permitido comê-los?" 5 E ajuntou: "O Filho do Homem é senhor também do sábado."

Fonte: BÍBLIA SAGRADA. São Paulo: Ave Maria, 2002, p. 1353.

Dentre as provas intrínsecas, como o orador explora os chamados "argumentos éticos" da retórica antiga?

O ethos

Ético é palavra que vem do grego *ethos* e equivale a costume, caráter. Para Aristóteles, liga-se à imagem que o orador constrói de si em seu discurso, corresponde a uma instância subjetiva do próprio enunciador. Modernamente, o termo sofreu ampliação de sua significação e hoje se aceita como *ethos* a imagem que o orador constrói *de si e dos outros* no interior do discurso.

Reboul nos fala de uma concepção mais ampla de *ethos* ao afirmar que numa "propaganda eleitoral, por exemplo, não só a voz é essencial, como também todo o comportamento, a aparência do candidato, que é a forma moderna do *ethos*". 1998: 87).

Meyer oferece também uma posição moderna para o entendimento do *ethos* nas novas retóricas:

> Não podemos mais pura e simplesmente identificar o *ethos* ao orador: a dimensão de uso da palavra é estruturada de modo mais complexo. O *ethos* é um domínio, um nível, uma estrutura – em resumo, uma dimensão –, mas isso não se limita àquele que fala pessoalmente a um auditório, nem mesmo a um autor que se esconde por trás de um texto e cuja "presença", por este motivo, afinal pouco importa. O *ethos* se apresenta de maneira geral como aquele ou aquela com quem o auditório se identifica, o que tem como resultado conseguir que suas respostas sobre a questão sejam aceitas (2007: 35).

É Meyer (2007) também que nos fala de um *ethos ima-nente*: a projeção da imagem que deve ter o *ethos* aos olhos do *pathos* – e de um *ethos não imanente*, mas efetivo. E conclui: "O orador pode jogar com a defasagem entre esses dois *ethos*, ou, ao contrário, com a identidade entre eles, a fim de manipular o auditório" (2007: 36). Não é intenção deste livro a discussão de teorias e seus desdobramentos. No caso do *ethos*, porém, permitimo-nos algumas considerações, ainda que rápidas, para que o leitor possa, ao deparar-se com esse conceito tão comum nas ciências da linguagem, entender sob que perspectiva o assunto está sendo tratado e qual a dimensão significativa do termo.

Alguns autores admitem um chamado *ethos prévio*, que se constituiria numa representação construída pela opinião pública e que, por ser prévio, condicionaria a construção, estereotipada, do *ethos* discursivo. Nesse sentido, então, os antecedentes morais, éticos e as atribuições de caráter formariam uma imagem, antecipadamente construída pelo auditório, capaz de afetar e de condicionar aquela que o próprio enunciador constrói de si em seu discurso. Visto assim, o *ethos* pode tanto facilitar o acordo de um orador com o auditório quanto dificultar o contato. Uma mulher, por exemplo, tem por trás de si toda uma existência ligada à submissão na sociedade patriarcal. Não poderia, então, a não ser pelo ato retórico, mesmo que moderna e emancipada, se livrar do peso histórico desse *ethos* prévio do feminino.

No desdobramento contemporâneo do termo, há autores que admitem um *ethos institucional* (a partir de uma perspectiva linguística – como é o caso de Ducrot – e outra sociológica – colhida nos estudos de Bordieu), formado pela *articulação* de um *ethos* puramente *discursivo* e de outro, exterior ao discurso. São posições contemporâneas que ganham corpo nos debates sobre a presença dos sujeitos no discurso. Convivemos, então, com posições que enfatizam a noção sociológica de *ethos*, como é o caso de Bordieu, uma posição enunciativa, como se vê na retórica e nos estudos de

Ducrot e uma perspectiva discursiva, presente nos estudos de Maingueneau.

Quando fazemos análise retórica, podemos encontrar um orador que constrói, sobretudo, o *ethos* de outras personagens ou de classes sociais e de instituições. Nesse caso, pode-se ressaltar a função do orador efetivo (é jornalista, é político, é publicitário) e, depois, analisar o *ethos* "alheio" que se instaura no interior do discurso.

Na publicidade, por exemplo, que possui características tanto oratórias quanto argumentativas, o *ethos* do publicitário torna-se secundário diante da constituição do *ethos* do anunciante, justamente o que se ressalta e quer se fazer ressaltar no interior do discurso. Assim, normalmente, no discurso laudatório, importa mais a imagem do outro do que a própria imagem do orador projetada no discurso. Para nossas finalidades, a seguinte pergunta pode ser feita durante os passos analíticos:

Quem é ele para nos falar assim?

A arrogância do doutor

Cristina Moreno de Castro

Ao entrar no elevador do elegante prédio da Procuradoria Geral de Justiça de Minas Gerais, num bairro nobre de Belo Horizonte, me deparei com um homem alto, de terno azul. A luz do 12º andar estava acesa. Nem bem entrei, ele foi avisando:

– Deixa eu subir primeiro para o 12º andar e depois você vai pra onde quiser.

Distraída e incapaz de compreender de imediato um pedido estapafúrdio daqueles, apertei o botão do segundo andar, para onde eu ia trabalhar. O grandalhão ficou irritadíssimo e perguntou, quase gritando:

– Eu não avisei que era para eu subir primeiro? Por que você apertou o botão do segundo andar? Depois dessa, três office-boys que pretendiam entrar no elevador recuaram. Preferiram aguardar por um dos outros dois elevadores do prédio. Perplexa, balbuciei qualquer coisa e desci o mais rápido possível quando chegamos ao segundo andar. Se não tivesse ficado tão surpresa, provavelmente teria respondido com as mesmas palavras indignadas que usei para descrever a cena aos meus colegas. A gerente, depois de saber que o Homem de Terno era jovem e tinha olhos muito azuis, explicou que provavelmente se tratava do poderoso chefão, o Procurador Geral de Justiça de Minas, Jarbas Soares Júnior. Ao saber disso, minha indignação atingiu níveis estratosféricos. Então o Procurador se julgava tão importante que tinha preferência para subir num elevador público? (Sim, porque eu não havia entrado no elevador privado da Procuradoria, próprio para acalmar o ego de alguns funcionários). Julgava-se tão superior que os três segundos gastos para a minha descida no segundo andar ocupariam demais seu precioso tempo? Seria assim uma companhia tão agradável que achava que eu não me importaria de acompanhá-lo até o décimo segundo andar sem nenhum motivo? Fiquei me perguntando se ele também obrigava os vizinhos de prédio (caso more em um prédio) a aguardarem, passivamente, que ele chegasse primeiro ao próprio apartamento antes de apertarem os botões dos andares de seus respectivos lares. Sim, porque o poder, quando nesse estágio avançado de prepotência, não encontra limites geográficos ou sociais.

Justamente como aconteceu com o juiz da 6ª vara criminal de São Gonçalo, Antônio Marreiros da Silva Melo Neto, que perdeu a noção do ridículo ao querer obrigar que todos os funcionários e vizinhos de seu condomínio o chamassem de "doutor". O caso, para quem não se lembra, aconteceu em 2004. O Doutor Marreiros fez essa petição porque se sentia desrespeitado toda vez que o porteiro o chamava de "você". Também quis uma indenização de 100 salários-mínimos por danos morais. E o pior é que o desembargador Gilberto Dutra chegou a conceder uma liminar, em novembro de 2004, que atendia o pedido do colega. Em seu despacho, disparatou o seguinte: "Tratando-se de magistrado, cuja preservação da dignidade e do decoro da função que exerce, e antes de ser direito do agravante, mas um dever e, verificando-se dos autos que o mesmo vem sofrendo, não somente em enorme desrespeito por parte de empregados subalternos do condomínio onde reside, mas também verdadeiros desacatos, mostra-se, *data venia*, teratológica a decisão do juízo *a quo* ao indeferir a antecipação de tutela pretendida. Isto posto, defiro-a de plano. Oficie-se, inclusive solicitando as informações e indagando sobre o cumprimento do art. 526, do cpc. Intimem-se os agravados para contrarrazões, por carta." Felizmente o bom-senso do juiz Alexandre Eduardo Scisinio, da 9ª Vara Cível de Niterói, cancelou a liminar, por entender que "Doutor não é forma de tratamento, e sim título acadêmico utilizado apenas quando se apresenta tese a uma banca e esta a julga merecedora de um doutoramento. Emprega-se apenas às pessoas que tenham tal grau, e mesmo assim no meio universitário". Sua sentença, mais tarde apelada pelo doutorzinho inconformado, merece ser lida na íntegra, por nos dar uma aula de Direito, Linguística e, principalmente, bom-senso.

Títulos devem ser conquistados por mérito, não por imposição. Num país em que os poderosos já têm todos os privilégios possíveis – não pagam quase nenhuma taxa, lucram com os juros altos, têm vagas nas garagens, credibilidade no comércio, convites luxuosos e ditam as leis e as notícias dos jornais – é ridículo, injusto e abusivo querer que o elevador público seja de uso exclusivo. Se continuar assim, em breve seremos forçados a subir pelas escadas.

Fonte: http://www.novae.inf.br/site/modules.
php?name=Conteudo&pid=726. Acesso em: 15 mar. 2010.

O que se pode observar no texto é o conflito de *ethos,* filtrados pelo olho do orador. Ainda que tenha achado o procurador um arrogante, Cristina de Castro, nervosa com a forma de abordagem e o tom imperativo do discurso, precisou perguntar aos colegas "quem era aquela pessoa para lhe falar assim?". Por outro lado, mostrou admiração pelo juiz Alexandre Eduardo Scisinio, que se vale do poder que lhe confere uma instituição para sentenciar negativamente a arrogância de um outro colega. Os três juízes envolvidos praticam a retórica dos competentes, por meio do *discurso autorizado.* Qualquer discurso revela marcas das instituições de onde derivam e os representantes da instituição, que possuem discurso autorizado, criam seus discursos a partir dessa base institucional que os torna "competentes". Podem articulá-los para o bem ou para o mal, mas esse julgamento não compete à retórica, que se preocupa apenas com a eficácia dos argumentos, com seu valor persuasivo.

De todo modo, como é fácil perceber, a *retórica dos competentes* não é necessariamente sensata. Às vezes, não se pauta pelo mérito, pela ética, pelo dever, mas apenas por uma aparência de tudo isso, por um mito da eficiência que se sustenta em conceitos meramente concorrenciais, triunfalistas e, assim, divide a sociedade em "competentes" e "fracassados". O discurso autorizado camufla-se, muitas vezes, em discurso competente porque é natural em nossa sociedade premiar aqueles que ganham evidência profissional, intelectual, esportiva, política etc., sem levar em conta os meios pelos quais "chegaram lá", sem questionar se o "sucesso" é produto efetivo de um mérito ético ou moral.

> O **discurso autorizado** compreende a retórica dos representantes das instituições (o porta-voz da Igreja, Judiciário, escola, Poder Executivo etc.) ou de grandes segmentos sociais.

Valem-se desse discurso todos os profissionais com curso superior (reconhecidos pelas universidades), o bispo (autorizado pela Igreja), o político (autorizado pelo Senado, pela Câmara dos Deputados), o gerente (autorizado pela empresa) etc. Por extensão, o discurso autorizado é recurso empregado por aqueles considerados "bem-sucedidos" de acordo com os valores de determinada sociedade. Num mundo capitalista, por exemplo, o empresário, por ter dinheiro, fala de um lugar "superior" ao do empregado. Mede-se, assim, o sujeito por aquilo que produz.

É comum, por isso, as pessoas atribuírem à fala dos "competentes" o aval da verdade: "Foi o médico que mandou", "Foi o bispo que disse", "É recomendação do governador", "Foi o procurador que me autorizou a apertar só o botão do 12º andar". Os "autorizados", embora nem sempre competentes efetivamente, gozam de *ethos* assegurado, pois têm diplomas, têm a garantia dos votos, têm respaldo institucional, enfim. Alguns sustentam seu *ethos* apenas nesse privilégio discursivo.

Normalmente, os "competentes" falam a partir de um discurso que os antecede: o *discurso autoritário* (que vem da própria instituição: as leis, os dogmas, os livros científicos, que regem a vida em sociedade, as crenças e valores) e esse discurso já vem assegurado no plano persuasivo. Alguns, como dois dos representantes da lei exemplificados no texto de Cristina Castro, parecem acreditar que são de fato seres humanos superiores e o discurso revela essa visão da realidade.

Ressaltemos que o discurso institucional é necessariamente autoritário porque precisa organizar as leis e as regras da sociedade. Uma escola, por exemplo, precisa determinar um horário de funcionamento, o Judiciário precisa pautar-se pelas leis etc. A questão é que, assim procedendo, podem ultrapassar o limite da organização e fazer passar a "sua verdade" como sinônimo de toda verdade. Se, por exemplo, por lei, o aborto é considerado ilegal, as pessoas começam a acreditar que o aborto é desumano e incorporam essa ideia no *discurso dominante*.

É da natureza das instituições a prática do discurso autoritário em qualquer sentido. Se, por exemplo, o presidente da República autoriza a abertura de uma concorrência pública para a construção de cinco mil casas populares, se abre concurso para contratação de trabalhadores na esfera federal ou determina a abertura de uma campanha de vacinação, a autoridade do discurso subsiste, mas não tem o caráter negativo que normalmente atribuímos ao termo "autoritário". Evidentemente, o discurso autoritário se desdobra em outros e, às vezes, se reveste de um autoritarismo nada retórico: um pai, por ter discurso autorizado, pode prevalecer-se disso e, camuflando um direito hierárquico institucional (a família), ser autoritário com o filho e o impedir de defender-se. Um chefe, do mesmo modo, pode subjugar autoritariamente o funcionário. Assim procedendo, o pai e o chefe deslocam o discurso para outra esfera em que não existe retórica.

Diante do autoritarismo, a retórica se ausenta e dá lugar para a violência, a agressão, o desmando. Há retórica, então, quando o orador se vale do discurso autorizado e do discurso autoritário das instituições para atuar no universo da *doxa* e humanizar as relações polêmicas por meio de argumentos plausíveis.

A contrapartida retórica do discurso autoritário é o *discurso servil*. Quando alguém se defende servilmente, demonstra que a força do discurso autoritário se impôs inapelavelmente: na relação de dominação, o dominado assume como seu o discurso do dominador e o reproduz. Um dito popular explica bem essa postura servil: "Quem pode manda, quem tem juízo obedece." O discurso servil, como todos os outros, revela o *ethos* do orador. Não é difícil encontrar amplos discursos de valorização de poderosos só porque são poderosos ou outros que aceitam, por alguma razão, a condição de ser humano menor e alimentam, assim, o poder daqueles que acreditam existir uma escala hierárquica do ser humano, construída em termos de fracasso ou sucesso social.

A retórica existe onde há uma questão a ser debatida. Por isso, atua no interior do *discurso polêmico*: aquele em que duas ou mais pessoas ou facções emitem opiniões discordantes. É, contudo, o discurso autoritário das instituições que alimenta e configura o chamado *discurso dominante*. As instituições determinam valores, moldam o viver em sociedade. Levam-nos aos cartórios para assegurar relações amorosas, levam-nos à urna, para um voto nem sempre desejado e tomamos essas ordens como obrigações, pois somos seres sociais e admitimos a necessidade de regras para a boa convivência humana. Por outro lado, há, em nossos dias, grandes discussões, por exemplo, sobre a validade legal ou não da união de pessoas do mesmo sexo no que tange aos direitos de um e de outro. O *discurso dominante* faz acreditar que a única união legal é a de um homem e uma mulher. Se o auditório não partilhar dessa crença, iniciará um processo de desconstrução do que é dominante e *instituído* por meio de uma penosa e lenta construção de um discurso *instituinte*.

O *discurso instituinte*, aquele que se opõe ao discurso dominante, é fundamental em retórica, pois, da discussão que provoca, pode remodelar conceitos sobre o bem e o mal, o justo e o injusto, o legal e o ilegal, o nobre e o vil, o certo e o errado num determinado contexto posto em questão. Em sentido mais amplo, atua na reconsideração das leis, dos valores, da ética, da moral e na amplitude das relações humanas. Seja como for, nosso modo de encarar o mundo não se furta de procurar na competência o lugar da qualidade. O *ethos* também se constrói por esse meio. Por isso, alguns gêneros discursivos modernos nunca se privam de oferecer previamente ao auditório as características do *ethos* de quem se anuncia. É fácil perceber, no gênero entrevista, como há dois oradores distintos: um precisa dignificar a empresa em que trabalha com a apresentação de uma entrevista de qualidade. O outro, o entrevistado, ao responder as questões, projeta seu *ethos* de especialista no assunto em pauta.

A reportagem a seguir mostra como Mônica Weinberg tem a preocupação de ressaltar as qualidades do orador (entrevistado) para valorizar as respostas dadas no corpo da entrevista. Seu preâmbulo instaura um argumento de autoridade:

O bom de educar desde cedo
O prêmio Nobel de Economia explica por que deixar de fornecer estímulos às crianças nos primeiros anos de vida custa caro para elas – e para um país

Monica Weinberg

"Tentar sedimentar num adolescente o conhecimento que deveria ter sido apresentado a ele dez anos antes custa mais e é menos eficiente."

Ao economista americano James Heckman, 65 anos, deve-se a criação de uma série de métodos precisos para avaliar o sucesso de programas sociais e de educação – trabalho pelo qual recebeu o Prêmio Nobel, em 2000. Nessa data, Heckman estava no Rio de Janeiro, numa das dezenas de visitas que já fez ao Brasil. Achou que fosse trote quando lhe disseram da premiação. Formado

> por Princeton e há 36 anos professor da Universidade de Chicago, James Heckman se dedica atualmente a estudar os efeitos dos estímulos educacionais oferecidos às crianças nos primeiros anos de vida – na escola e na própria família. Sua conclusão: "Quanto antes os estímulos vierem, mais chances a criança terá de se tornar um adulto bem-sucedido".
>
> Fonte: *Veja*, 10 jun. 2009, edição 2116, ano 42, n. 23.

Embora a entrevista que sucede a essa apresentação, aparentemente, esteja centrada no *logos*, essa parte introdutória é amplamente laudatória e assegura a constituição do *ethos*, daquele que será o orador, para o auditório. A biografia do autor é a tentativa de assegurar, pelo *ethos* demonstrado, o dizer.

Mas, em retórica, o *ethos* é percebido de formas mais sutis. No instante da *actio*, o entrevistado deverá demonstrar qualidades que comprovem o que o entrevistador procurou antecipar. É possível, por exemplo, lançar sobre o texto uma série de perguntas que podem ou não ser respondidas pelo próprio texto. Essa dinâmica é retórica: a persuasão é exigida em diferentes graus e dinamiza a polêmica, alimenta a *doxa*, faz progredir ou regredir um argumento.

Consideremos, primeiramente, que o fato de o orador se colocar diante de um auditório e tomar a palavra (escrita ou falada) implica uma construção de uma imagem de si pelo auditório. O que dá visibilidade a essa imagem são as escolhas discursivas do orador. Como a retórica se ocupa de probabilidades, de questões controversas que levam, por meio das provas retóricas e dos argumentos ao crível, o *ethos* cumpre a incumbência de dar uma resposta à questão levantada, e de levar o auditório a partilhar a tese do orador e, assim, ser persuadido.

A preservação da face

Há outras questões sobre o *ethos* que interessam ao analista do discurso retórico:

O procurador, no texto de Cristina Matos, esqueceu-se de alguns princípios básicos, inevitavelmente construtores do *ethos*, quando não levou em conta o que a pragmática moderna denomina *preservação da face*. Esqueceu-se de que toda interação social sofre dois tipos de pressões: *as comunicativas* (para assegurar a boa transmissão da mensagem) e *as rituais* (que asseguram a mútua preservação da face do orador e do auditório). O procurador, no episódio do elevador, não se preocupou com as pressões rituais, justamente as que influenciam objetivamente a estrutura do discurso e contribuem para neutralizar as ameaças potenciais ao orador. Arrogante, não se valeu de sutilezas que ajudam a levar a bom termo o ato retórico.

O *ethos* possui pelo menos duas faces: uma *negativa*, que se refere à reserva do território pessoal (nosso corpo, nossa intimidade, nossos pontos fortes ou fracos). Outra, *positiva*, referente à fachada social: uma imagem valorizante, que solicita ao auditório aprovação e reconhecimento. Em muitas esferas específicas de interação, as relações entre orador e auditório são extremamente sensíveis e ameaçadoras à face dos participantes. A distração durante o ato retórico pode contribuir para a não preservação da face e as consequências retóricas são imperativas: ineficácia.

No texto em referência, a autora agiu com competência ao ressaltar essa falta de polidez, destruidora da face do envolvido na contenda. Como resultado, trouxe à tona a imagem negativa do outro e, ao mesmo tempo, mostrou uma orientação defensiva para preservar a própria face ao assumir a cidadania e incluir o auditório no espaço dos cidadãos comuns. Soube, contrariamente ao procurador, adotar procedimentos retóricos ligados à neutralização das ameaças à sua própria face, por meio de estratégias discursivas que objetivavam envolver, seduzir, comover e, finalmente, influenciar as decisões dos leitores.

Desse modo, não é difícil concluir que um ato de enunciação pode constituir ameaça para uma ou várias dessas faces. Numa dependência direta do contexto retórico, fazer uma pergunta pode ressaltar um orador indiscreto e curioso demais. Dar uma ordem, por exemplo, pode valorizar a face de um chefe que ordena uma situação caótica.

O analista do discurso retórico pode verificar a eficácia de atos que preservam ou ameaçam a face positiva do orador, a força retórica que faz nascer reações negativas ou positivas do auditório a partir do *ethos*. Pode observar, por exemplo, como se manifestam no texto os traços de humildade, arrogância, respeito pelo outro, perfil de liderança, intransigência, responsabilidade, rigidez, autoritarismo, inflexibilidade, depressão, passividade, coragem, temeridade, vaidade, ignorância, comedimento etc. Desse modo, deixar o texto falar para manifestar ou não atos que:

- representam auto-humilhação, como o reconhecimento da própria fraqueza, da incompetência, das limitações pessoais (pedidos de desculpas, a admissão de um erro) etc.;
- externam promessas: o orador, ao proceder dessa forma, compromissa-se com o auditório e se obriga a cumprir a palavra empenhada;
- denotam traços de caráter: o orador no discurso, quando avalia as competências alheias, agradece, aceita favores, rebate uma crítica, pronuncia-se sobre um insulto ou uma desaprovação;

– demonstram sensibilidade ou não à preservação da face do outro: atos que ameaçam a liberdade de ação do interlocutor, perguntas diretas sem demonstrar cortesia, perguntas indiscretas, conselhos não solicitados, ordens, cobrança de favorecimento anterior, ameaças, humilhações etc.

Nesse sentido, é fundamental que o orador, do mesmo modo, pareça crível, construa um *ethos* que inspire confiança. Esses sinais, segundo Aristóteles, são ressaltados tanto por sua moral quanto por seus hábitos e costumes.

O *pathos*

Dentre as provas intrínsecas, como o orador explora os chamados "argumentos patéticos" da retórica antiga?

A retórica antiga ensina que, além das provas éticas, existem as patéticas. O *pathos,* um argumento de natureza psicológica, está vinculado à afetividade, remete ao auditório, ao conjunto de emoções, a paixões, sentimentos que o orador consegue despertar no seu ouvinte. As paixões humanas, sabemos, funcionam tanto para unir quanto para separar as pessoas. Se o amor une, o ciúme separa. Se a dor congrega, se o respeito consolida amizades, a inveja e a impudência separam. Como nem todos reagem da mesma forma às mesmas paixões, o estudo da identidade do auditório é fundamental em retórica.

Por que meios o orador sensibiliza o auditório (*pathos*)?
O que pretende provocar em nós?

Como o ser humano é um misto de razão e de emoção, pode-se admitir uma espécie de "racionalidade emotiva", que permite a percepção do belo e, simultaneamente, um estado de admiração pelo que se vê na beleza. É possível racionalizar o sublime, mas, diante dele, a estupefação é característica humana e natural. No discurso retórico, o esforço por despertar emoções, a simpatia (*pathos*) é carga emotiva que subjaz ao argumento e intenta captar a benevolência do auditório. Dessa forma, é possível entender a natureza retórica dos enunciados: valoram-se tanto pelo que significam quanto pelas sensações que despertam.

Por meio de uma série de perguntas, Cora Coralina requer respostas de seu auditório: incita o sentimento, conclama à ação, provoca o *pathos*:

Conclusões de Aninha

Estavam ali parados. Marido e mulher.
Esperavam o carro. E foi que veio aquela da roça
tímida, humilde, sofrida.
Contou que o fogo, lá longe, tinha queimado seu rancho,
e tudo que tinha dentro.
Estava ali no comércio pedindo um auxílio para levantar novo rancho e comprar suas pobrezinhas.
O homem ouviu. Abriu a carteira, tirou uma cédula,
entregou sem palavra.
A mulher ouviu. Perguntou, indagou, especulou, aconselhou,
se comoveu e disse que Nossa Senhora havia de ajudar
E não abriu a bolsa.
Qual dos dois ajudou mais?

Donde se infere que o homem ajuda sem participar e a
mulher participa sem ajudar.
Da mesma forma aquela sentença:
"A quem te pedir um peixe, dá uma vara de pescar."
Pensando bem, não só a vara de pescar, também a linhada,
o anzol, a chumbada, a isca, apontar um poço piscoso
e ensinar a paciência do pescador.

> Você faria isso, Leitor?
> Antes que tudo isso se fizesse
> o desvalido não morreria de fome?
> Conclusão:
> Na prática, a teoria é outra.
>
> Fonte: CORALINA, Cora. *Vintém de cobre: meias confissões de Aninha.*
> São Paulo: Global, 2001, p. 174.

Um discurso retórico precisa ser intenso e expressivo. Precisa também ser agradável ao auditório. Por isso, a habilidade de um orador pode ser medida por sua capacidade de impressionar menos ou mais, de acordo com sua habilidade de atingir e ativar as paixões de seus ouvintes, de atrair o interesse, de prolongar a atenção em busca da motivação para o estabelecimento do acordo pretendido.

Ao inserir interrogações objetivas em seu texto, Cora Coralina busca provocar a solidariedade, a compaixão, a participação. A expressividade retórica sempre objetiva o auditório. Para que haja predomínio do *pathos*, o auditório deve ser o foco central. As figuras de linguagem tradicionais, por exemplo, ganham na retórica um sentido que ultrapassa a elegância: revestem-se de um valor argumentativo que vai além da expressão da subjetividade. Pretendem impressionar pela emoção e condensar valores necessários para estabelecer a argumentação.

Às vezes, o orador pretende provocar a calma (uma das paixões aristotélicas), quando sente no auditório a propensão ao medo de algo ou de alguma coisa:

> Na noite desta quinta-feira, José Gomes Temporão, ministro da Saúde, informou que há quatro casos de gripe suína no Brasil. Aparentemente, os brasileiros adquiriram o vírus no exterior, pois 3 deles estiveram recentemente no México e 1 nos Estados Unidos. Esses casos são de 2

pessoas de São Paulo, 1 do Rio de Janeiro e a outra de Minas Gerais.

Segundo o ministro, "não há evidências, por enquanto, de que o vírus tenha atingido outras pessoas. *Ou seja, o vírus não circula no Brasil", o que mostra que a situação está sob controle.*

Fonte: http://www.gripesuina.net.br/2009/05/brasil-confirma-4-casos-de-gripe-suina/. Acesso em: 23 jun. 2009.

Outros oradores podem, pelos diversos meios de articular o discurso, provocar o medo, o desespero, numa dependência direta dos valores do auditório. Alguns discursos, aparentemente narrativos, exploram o *pathos* de forma poética e ressaltam as vilanias humanas. Entre efeitos que provocam o riso e com ironia mordaz, Marina Colassanti discute as relações humanas e deixa no auditório uma estranha sensação de culpa, ao mostrar como a obrigação social da simpatia pode ser vazia de humanidade. Talvez a vergonha seja o efeito maior provocado pelo texto:

Como é mesmo o nome?

Levou o manequim de madeira à festa porque não tinha companhia e não queria ir sozinho.

Gravata bordeaux, seda. Camisa preguead, cambraia. Terno riscado, lã. Tudo do bom. Suas melhores roupas na madeira bem talhada, bem lixada, bem pintada, melhor corpo. Só as meias um pouco grossas, o que porém se denunciaria apenas se o manequim cruzasse as pernas. Para o nariz firmemente obstruído, um lenço no bolsinho. No relógio de ouro do pulso torneado, a festa já tinha começado há algum tempo.

Sorridentes, os donos da casa se declararam encantados por ter ele trazido um amigo.

– Os amigos dos nossos amigos são nossos amigos – disseram saboreando a generosidade da sua atitude. E o apre-

sentaram a outros convidados, amigos e amigos de nossos amigos. Todos exibiram os dentes em amável sorriso. Recebeu o copo de uísque, sua senha. E foi colocado no canto esquerdo da sala, entre a porta e a cômoda inglesa, onde mais se harmonizaria com a decoração. A meia hilaridade pintada com tinta esmalte e reforçada com verniz náutico exortava outras hilaridades a se manterem constantes, embora nenhuma alcançasse idêntico brilho. Abriam-se os transitórios vizinhos em amenidades que o compreensivo calar-se do outro logo transformava em confidências. Enfim alguém que sabia ouvir. Relatos sibilavam por entre gengivas à mostra e se perdiam em quase espuma na comissura dos lábios. Cabeças aproximavam-se, cúmplices. Apertavam-se as pálpebras no dardejado do olhar. O ruge, o seio, o ventre, a veia expandida palpitavam. O gelo no uísque fazia-se água. A própria dona da casa ocupou-se dele na refrega de gentilezas. Trocou-lhe o copo ainda cheio e suado por outro de puras pedras e âmbar. Atirou-se à conversa sem preocupações de tema, cuidando apenas de mantê-lo entretido. Do que logo se arrependeu, naufragando na ironia do sorriso que lhe era oferecido de perfil. (...)
O brilho de uma calvície abandonou o centro da sala e coruscou a seu lado, derramando-lhe sobre o ombro confissões impudicas, relato de farta atividade extraconjugal. Sem obter comentários, sequer um aceno, o senhor louvou intimamente a discrição, achando-a, porém, algo excessiva entre homens. (...)
Não acendeu o cigarro de uma dama e esta ofendeu-se, já não havia cavalheiros como antigamente. Não acendeu o cigarro de outra dama e esta encantou-se, sabia bem o que se esconde atrás de certo cavalheirismo de antigamente. Os cinzeiros acolheram os cigarros sem uso. Um cavalheiro sentiu-se agredido pelo seu desprezo. Um outro pela sua superioridade. Um doutor enalteceu-lhe a modéstia. Um senhor acusou-lhe a empáfia. E o jovem que o segurou pelo braço surpreendeu-se com sua rígida força viril.

> Nenhum suor na testa. Nenhum tremor na mão. Sequer uma ponta de tédio. Imperturbável, o manequim de madeira varava a festa em que os outros aos poucos se descompunham.
>
> Já não eram como tinham chegado. As mechas escapavam, amoleciam os colarinhos, secreções escorriam nas peles pegajosas. Só os sorrisos se mantinham, agora descorados. No relógio torneado do pulso rijo a festa estava em tempo de acabar. As mulheres recolhiam as bolsas com discrição. Os amigos, os amigos dos amigos, os novos amigos dos velhos amigos deslizavam porta afora.
>
> Mais tarde, a dona da casa, tirando a maquilagem na paz final do banheiro, dedos no pote de creme, comentava a festa com o marido.
>
> – Gostei – concluiu alastrando preto e vermelho no rosto em nova máscara –, gostei mesmo daquele convidado, aquele atencioso, de terno riscado, aquele, como é mesmo o nome?
>
> Fonte: COLASANTI, Marina. *O leopardo é um animal delicado*. Rio de Janeiro: Rocco, 1998, p. 131.

Assim funcionam os argumentos patéticos na retórica: a paixão compele o auditório a aceitar uma conclusão. Essa atitude de aceitação pressupõe a condução por meio de raciocínios, ainda que de nítido apelo à emoção do ouvinte. Quando um advogado, por exemplo, consegue fazer com que os jurados sintam raiva, ódio ou compaixão de um assassino ou de um inocente, cria um clima favorável para tornar sua tese vencedora e age por meio do *pathos*. Abordar retoricamente o discurso, portanto, é observar, simultaneamente, seus aspectos de compreensão objetiva, na racionalidade do *logos*, e os aspectos emotivos desse mesmo discurso, sensíveis quando ocorre a exploração dos valores do auditório.

A paixão, nessa perspectiva, cria um vínculo com o sensível e mantém sua razoabilidade à medida que desperta um exercício de imaginação no auditório (raciocínio) de possível antecipação sobre o conteúdo e o enfoque a ser perseguido pelo discurso. Quando terminamos uma leitura e sentimos raiva, ódio, simpatia, amor, compreensão, solidariedade, ciúme, desprezo etc. significa que fomos captados pelo *pathos*. Mérito do orador, pois se o mesmo assunto tivesse sido dito por um oponente retoricamente competente, com certeza experimentaríamos outros sentimentos ao final da explanação desse segundo orador.

De acordo com Perelman e Olbrechts-Tyteca, "não se concebe o conhecimento do auditório, independentemente dos meios suscetíveis de influenciá-lo" (1996: 26). O uso de recursos capazes de influenciar o auditório, portanto, considera as diversas características dos ouvintes, atenta para as características socioculturais daqueles a quem se dirige, uma vez que a afetividade argumentativa se ampara na ação sobre os espíritos por meio das possibilidades múltiplas oferecidas pelo discurso.

Passo 3:
o sistema retórico – a *dispositio*

O discurso retórico possui quatro pilares, correspondentes às etapas de organização do discurso: invenção, disposição, elocução e ação. Na verdade, *inventio* e *dispositio* fundem-se: são processos operacionais criados simultaneamente e as diversas partes do discurso exercem influência sobre cada uma delas. Didaticamente, estudamos separadamente, a *inventio*, mas nosso olhar só pode perscrutá-la a partir da *dispostio* e da *elocutio*.

A *dispositio* é a parte da retórica que hoje chamamos de macroestrutura textual. O orador esforça-se para organizar o discurso de modo mais favorável às suas intenções persuasivas e, com esse fim, dar ao texto uma coerência global. Contém, pois, unidades temáticas organizadas para ressaltar a estrutura profunda do texto, a coerência global do discurso retórico.

> A *dispositio* (*táxis*) ou disposição é etapa em que são organizados e distribuídos os argumentos de maneira racional e plausível no texto, em busca de uma solução para um problema em tela. Na *inventio*, o orador junta as provas e na *dispositio* coloca-as no texto em ordem lógica ou psicológica de modo que constituam uma unidade que atinja o objetivo de persuadir.

Rigorosamente, não há um caráter cronológico das etapas elencadas, mas qualquer orador deve passar por essas etapas ou "cumprir pelo menos as tarefas que cada uma delas representa: compreender o assunto e reunir todos os argumentos que possam servir (invenção); pô-los em ordem (disposição); redigir o dircurso o melhor possível (elocução); finalmente, exercitar-se proferindo-o (ação)" (Reboul, 2000: 44).

Perscrutando a *dispositio*

Em nossos dias, o discurso não se constrói por formas rígidas e até mecânicas, como apregoavam os antigos. É interessante, porém, observar que, de acordo com o auditório e o gênero escolhido, as partes constitutivas aparecem menos ou mais nitidamente no texto. Para o analista, importa verificar qual é o fio condutor da explanação feita pelo orador quanto à exposição do problema e as provas confirmativas ou refutativas.

A disposição é um lugar retórico, um plano do tipo em que se sustenta o discurso. Os antigos dividiam-na em até sete partes. Aqui, explanaremos a forma mais comum, em quatro partes: o exórdio, a narração, a confirmação e a peroração.

Vejamos o texto:

Estamos deixando de ser idiotas?

Nação idiota é aquela em que os alunos saem da escola sem aprender a ler e escrever direito. Não há civilidade democrática que se construa a partir disso. Nesse sentido, somos uma nação idiotizada – e vamos ser por muito tempo. Há, porém, motivos para celebração, como este plano anunciado pelo governo federal para estimular a formação do professor.

O que se pretende é aprimorar a seleção de professor, além de aumentar a oferta e melhorar a qualidade dos cursos de formação nas universidades. É algo que vai ao encontro do anúncio do governo de São Paulo de obrigatoriedade de um curso antes de o professor, já aprovado em concurso, passar mais um tempo estudando.

Estamos tocando na essência do nosso subdesenvolvimento: a baixa qualificação dos professores. Isso se deve a toda uma mobilização, crescente, da sociedade pelo ensino público. É o avanço político mais importante do país. Ainda é apenas o começo. Mas a verdade é que todas essas ideias só vão mesmo funcionar quando pudermos atrair os talentos da sociedade para dentro da escola. Atrair significa a combinação de salário com reconhecimento social. Atrair talentos significa que uma comunidade coloca em primeiro lugar a qualificação de todos os seus integrantes, e não apenas da elite. A novidade é que nossa elite econômica não só aceita como se mobiliza a favor desse princípio tão simples.

Por isso que a tarefa de melhoria da educação só é comparável à abolição da escravatura.

Fonte: DIMENSTEIN, Gilberto. *Folha de S.Paulo*, Opinião, 28 maio 2009.

Para o discurso retórico, não basta que o orador se prepare. O auditório é o foco central e isso nos remete ao *pathos*, pois não há comunicação sem comunhão e nem comunhão sem identificação, sem que sejam suscitadas as paixões e sentimentos do público. Assim, é comum que, no exórdio, o orador já procure estabelecer contato por meio da exortação do reconhecimento, do receio, da piedade, da frustração, do descaso, da briga explícita contra um adversário declarado, da condição social, da moral, das dificuldades partilhadas, do orgulho, das realizações positivas ou negativas, das vilanias sociais, do justo e do injusto, do belo e do feio, enfim, de uma série de artifícios discursivos iniciais que conduzam à alegria, tristeza, saudade, amor, ódio, ira, cólera, amizade, ciúme... Enfim, às paixões do auditório.

> O exórdio (*prooímion*): é introdução de um discurso retórico, o momento em que o orador estabelece identificação com o auditório por meio de um conselho, um elogio, uma censura, conforme o gênero do texto em causa. É utilizado para dar vontade de ler ou escutar um orador.

O exórdio

Como o orador movimenta o *pathos* no exórdio?

Como o exemplo é um texto jornalístico, que prima pelo sintetismo, pela objetividade, e que instaura um leitor virtual apressado, o exórdio, aqui, é resumido extremamente no título e no primeiro parágrafo:

> Estamos deixando de ser idiotas?
> Nação idiota é aquela em que os alunos saem da escola sem aprender a ler e escrever direito. Não há civilidade democrática que se construa a partir disso. Nesse sentido, somos uma nação idiotizada – e vamos ser por muito tempo.

Essa parte introdutória do discurso, o momento em que o orador estabelece contato com o auditório, possui três objetivos, facilmente perceptíveis no texto anterior:

– obter a benevolência;
– obter a atenção;
– tornar dócil o auditório.

Ao analista, compete observar se as palavras do autor se adaptam aos desejos do auditório: o começo é simples e sem aparato ou é sofisticado? Como o orador demonstra autoridade para dizer o que diz? Anuncia, já no exórdio, a ideia mestra que servirá de apoio a todo o discurso? No texto, o autor parte de uma questão retórica (O que é uma nação idiota?), elabora uma definição e chega a uma conclusão: somos uma nação idiota. Todo o auditório brasileiro está envolvido e essa inclusão movimenta as paixões: ninguém gosta de ser idiota. A seguir, o orador irá, na narração, abrandar o discurso para ressaltar uma tentativa de solução. No exórdio, então, Dimenstein estabeleceu o problema, envolveu o auditório e, a seguir, na narração, irá expor os fatos que se relacionam com o tema.

A narração

Como se compõe a narração? É objetiva, clara e crível? Por quê?

A narração (*diegésis*) é a exposição dos fatos referentes à causa. Assinala o partido que o orador irá tomar, marca a escolha de um ponto de vista que será defendido nas demais partes. Ressalta-se o *logos*, pois, aqui, as provas são colocadas: enunciam-se o fato com suas causas (judiciário), dão-se exemplos (deliberativo), ilustra-se o texto com episódios que ressaltem as qualidades (epidítico).

Ao analista, compete verificar a clareza, a brevidade e a credibilidade impressas pelo orador ao texto.

A confirmação

Como o autor explora a confirmação?

A seguir, o texto se expande em *confirmação*. Essa parte nem sempre é nitidamente separada da narração. Os antigos recomendavam que a confirmação mostrasse as provas e, a seguir, uma refutação capaz de destruir os argumentos do adversário.

> Confirmação (*pistis*): é a parte mais densa do discurso por concentrar as provas. Defendem-se os próprios pontos de vista e refutam-se os argumentos adversários. A credibilidade do argumento depende da capacidade do orador de comprovar as afirmativas. Particularmente significativa no discurso judiciário, as provas são determinantes para a ordem do processo.

A *confirmação* é o ponto forte de sedimentação do *logos*. Ao orador compete ordenar os argumentos em fortes ou fracos e ao analista, verificar como se dá a apresentação dos argumentos e como contribuem para a persuasão.

Na prática, os argumentos de defesa e ataque se misturam de modo estratégico:

> Estamos tocando na essência do nosso subdesenvolvimento: a baixa qualificação dos professores. Isso se deve a toda uma mobilização, crescente, da sociedade pelo ensino público. É o avanço político mais importante do país. Ainda é apenas o começo. Mas a verdade é que todas essas ideias só vão mesmo funcionar quando pudermos atrair os talentos da sociedade para dentro da escola. Atrair significa a combinação de salário com reconhecimento social.

> Atrair talentos significa que uma comunidade coloca em primeiro lugar a qualificação de todos os seus integrantes, e não apenas da elite. A novidade é que nossa elite econômica não só aceita como se mobiliza a favor desse princípio tão simples.
>
> Fonte: DIMENSTEIN, Gilberto. *Folha de S.Paulo*, Opinião, 28 maio 2009.

O orador começa com um argumento forte: tocar na essência do subdesenvolvimento. Oferece, depois, soluções: atrair talentos para a escola, combinar salários com reconhecimento social, qualificação de todos. Ataca, por fim, o descaso da elite econômica. Vale-se de termos que estimulam o pensar: essência, mobilização, verdade, **atrair**. Esse último termo é repetido três vezes e, como figura de presença, tende a fixar-se na mente do auditório.

A peroração

O orador inicia a *peroração*, que no discurso jornalístico, é normalmente muito breve e enfática.

> Peroração (epílogo) é o final do discurso. Pode ser longa e dividir-se em várias partes: a) Recapitulação; b) apelo ao ético e ao patético; c) amplificação da ideia defendida.

Para a amplificação, normalmente, os autores recorrem às figuras. Dimenstein se vale da comparação:

> Por isso que a tarefa de melhoria da educação só é comparável à abolição da escravatura.

Na peroração, a afetividade se une à argumentação e conclama à ação.

Passo 4:
o sistema retórico – a *elocutio*

> **Anúncio em jornal:**
> Com mais um ano que termina, agradecemos aos clientes que nos deram motivos para comemorar. Obrigado.
> FUNERÁRIA GÜNTER.
>
> Fonte: ASLIN, Jan. *Seleções*. Rio de Janeiro, jan. 2000, p. 62.

A maneira mais explícita de fazermos ecoar o poder das palavras está no modo como a empregamos no discurso, na maneira como trabalhamos a *elocutio* (elocução). Em sentido técnico, a elocução é a redação do discurso retórico. Mais do que uma questão estilística, envolve o tratamento da língua em sentido amplo, abrange o plano da expressão e a relação forma e conteúdo: a correção, a clareza, a adequação, a concisão, a elegância, a vivacidade, o bom uso das figuras com valor de argumento. Como componente teórico operacional, mantém relação de sucessividade com a *dispositio*. Para o analista, é a única fonte de onde se extraem todos os elementos analíticos e depreendem-se as operações retóricas anteriores.

> **Elocução** (*elocutio*): operação retórica que consiste em atuar sobre o material da *dispositio*. É a construção linguística que manifesta as virtudes e defeitos da energia retórica de construção textual.

A *inventio* começa o processo de elaboração textual com a criação da estrutura do conjunto referencial. A *dispositio*, por sua vez, constrói a macroestrutura textual e a *elocutio* culmina o processo ao revelar a superfície textual que, como significação global do ato retórico, chega ao auditório.

Crônicas

Sempre que preencho a ficha de um hotel e escrevo, no espaço destinado à profissão, a palavra "escritora", sinto um estremecimento. Até muito pouco tempo, não tinha coragem de fazer isso. Botava "jornalista". Até que um dia, tomando coragem, escrevi. A palavra ficou ecoando dentro de mim: ES-CRI-TO-RA. É algo que até hoje me surpreende

E por quê? Primeiro, porque comecei a escrever tardiamente (com quase 40 anos) e no início achei que estava tendo uma espécie de surto, coisa passageira. Demorei algum tempo até me acostumar à ideia. Lembro que um dia em que caminhava ao lado de minha filha, Júlia, pelo calçadão da Praia de Ipanema, encontrei o escritor Carlos Heitor Cony, que havia lido e gostado muito de meu primeiro livro: *Pente de Vênus*. Ele ia ao lado da mulher, Bia, e levava a passear uma linda cadela de pelo lustroso, cor de mel, chamada Mila. Na época, ninguém poderia supor que dali a algum tempo a cachorrinha cairia doente e Cony escreveria um livro dedicado a ela: *Quase Memória*. Ao me ver, Cony sorriu e, sem mais nem menos, virou-se para minha filha e disse: "Sabe de uma coisa? Sua mãe é uma escritora".

Ouvi e fiquei muda, tomada por uma emoção fortíssima. Até então nem me passava pela cabeça uma definição assim tão crua, afiada como uma sentença. E se Cony dizia é porque era verdade. Foi a partir desse dia que comecei, aos poucos, a acreditar. Mas daí a me definir como escritora na ficha dos hotéis ainda foi uma longa estrada.

A outra razão para meu estremecimento é que não sou apenas uma escritora – mas uma escritora brasileira. Isso não é fácil. Lê-se muito pouco no Brasil. O que talvez explique nossa tradição tão forte de cronistas. [...]

A força dos cronistas brasileiros é algo que pude sentir na pele. Tenho mais de dez livros editados, mas foi por meio da crônica, publicada em jornais ou revistas, que tive acesso maior e imediato aos leitores, muitas vezes em contatos comoventes. Lembro bem de uma dessas ocasiões, quando, durante uma palestra minha, uma senhora se levantou no fundo da sala e perguntou se podia fazer uma pergunta. E fez: "Queria saber se os escritores têm ideia do quanto podem transformar a vida de uma pessoa e de como isso é uma grande responsabilidade?" E acrescentou: "É que um texto que você escreveu me tirou de uma depressão." Fiquei espantada. E antes que eu pudesse tartamudear alguma coisa, ela começou a recitar a crônica que lhe tocara tão fundo, palavra por palavra, linha por linha. Sabia tudo de cor. De coração.

Fonte: SEIXAS, Heloísa. *Seleções*. Rio de Janeiro, jan. 2009, p. 47-48.

Podemos verificar, na superfície do texto, algumas características que, somadas, podem causar bom efeito persuasivo:

Como se pode caracterizar o estilo do autor?

Para dar resposta a essa questão, vale atentar para as observações de Reboul (1998):

> O melhor estilo, ou seja, o mais eficaz, é aquele que se adapta ao assunto. Isso significa que ele será diferente conforme o assunto. Os latinos distinguiam três gêneros de estilo: o nobre (grave), o simples (tênue) e o ameno (médium), que dá lugar à anedota e ao humor. O orador eficaz adota o estilo que convém a seu assunto: o nobre para comover (*movere*), sobretudo na peroração. O simples para informar e explicar (*docere*), sobretudo na narração e confirmação; o ameno para agradar (*delectare*), sobretudo no exórdio e na digressão. A primeira regra é, portanto, da conveniência.

Evidentemente, Reboul pretende apenas dirigir nosso olhar, pois a palavra é fugidia e não se enquadra em esquemas prémoldados. Heloísa Seixas tem um estilo simples, como convém ao cronista, e, ainda assim, claro, correto e elegante. O estilo simples é muito apropriado quando se pretende convencer. A autora, também, une o *docere* para explicar uma condição profissional: o fato de descobrir-se escritora. O léxico, por sua vez, nos remete para o *movere:* há uma nobreza, um certo encantamento no ato de escrever que *causa estremecimento*. Basta observar como os termos se repetem no exórdio e criam uma figura de presença (denominação dada por Perelman e Olbrechts-Tyteca). Do mesmo modo, palavras ligadas aos sentimentos são exploradas:

> Sempre que preencho a ficha de um hotel e *escrevo,* no espaço destinado à profissão, *a palavra "escritora", sinto um estremecimento.* Até muito pouco tempo, não tinha *coragem* de fazer isso. Botava "jornalista". Até que um dia, tomando *coragem, escrevi. A palavra* ficou ecoando dentro de mim: ES-CRI-TO-RA. É algo que até hoje me surpreende

> Como se mostra o orador? Arrogante? Modesto? Dinâmico? Alerta? Caloroso? Divertido? É redundante? Inutilmente abstrato? O discurso é marcante, agradável, cativante?

Por adotar o registro semiformal e escrever em primeira pessoa, a autora consegue impregnar o texto de autenticidade: conta casos, declina nomes que, em outras ocasiões, seriam dispensáveis e o tom confessional é a tônica. O discurso agradável, próximo do dia a dia, vai compondo um *ethos* de simplicidade, de modéstia, de sinceridade e de respeito pela opinião do outro. Ao longo da narração, essas marcas do *ethos* vão-se acentuando. É interessante observar que o significado da palavra "escritora" no primeiro parágrafo é diferente do significado da mesma palavra na narração: *Sua mãe é uma escritora* recolhe significações profundas que remetem à autoridade que a escrita assumiu ao longo dos séculos, remetem à figura sensível e atenta para as coisas do mundo, refletem um arguto senso de responsabilidade para com o auditório e, ainda, recolhem em si a dignidade do feminino brasileiro, pois, historicamente, há, em volume, mais escritores que escritoras. Ao dizer, "Sua mãe é uma escritora", Cony despertou um sentimento de orgulho que se escondia, no primeiro parágrafo, por trás de um medo perfeitamente explicável: a autora respeita os escritores e, colocar-se entre eles, era ainda algo amedrontador.

As falácias

> O orador confere cunho de autenticidade ao que diz?

Como já vimos, um argumento é falacioso quando parece que as razões apresentadas sustentam a conclusão, mas na realidade não sustentam. As falácias, normalmente, são erros de raciocínio, mas podem ser utilizadas, por oradores, como mecanismos persuasivos.

O orador usa como recurso a falta de clareza no uso de uma palavra ou frase?

- **Ambiguidade**: empregam-se palavras que levam a uma interpretação duvidosa do assunto em questão.
- **Anfibologia**: empregam-se frases ou proposições ambíguas e vagas de modo a gerar múltiplas interpretações.
- **Ênfase**: destacam-se palavras com o intuito de induzir o receptor ao erro devido a aparente mudança de significado.

O orador, propositalmente ou não, explora a confusão entre causa e efeito? Faz generalizações apressadas? Conclui sem demonstrar? Faz perguntas complexas?

– **Falácia da composição**: atribuem-se características das partes ou dos indivíduos, considerados isoladamente, ao grupo ou vice-versa. Argumenta-se que o todo tem a mesma propriedade das partes. As coisas, entretanto, podem ter, como um todo, propriedades diferentes das que cada uma tem separadamente.

– **Falácia da causa comum**: trata-se de uma "confusão entre causas e efeitos": dois acontecimentos são tomados como causa um do outro e não se leva em conta que ambos são causados por um terceiro.

– **Falácia do círculo vicioso**: tenta-se provar uma coisa pela outra igualmente carente de demonstração.

– **Falácia da enumeração**: faz-se uma generalização apressada, pautada em casos ou dados insuficientes.

– **Falácia da falsa analogia**: compara-se o que não pode ser comparado. Conclui-se, a partir de uma semelhança acidental ou superficial, outras de maior importância.

– **Falácia da falsa causa**: conclui-se a partir de uma relação de causa e efeito fundamentada numa mera antecedência de fatos.

– **Falácia do falso dilema**: oferece-se um número limitado de alternativas quando, na verdade, há mais.

– **Falácia da pergunta complexa**: elabora-se pergunta cuja resposta implica necessariamente na aceitação de outras premissas logicamente independentes.

O orador pratica as falácias do alvo (não demonstra, pelas provas, que a conclusão é verdadeira)?

- **Petição de princípio**: toma-se por evidente aquilo que deveria ser provado e aparecer na conclusão. A verdade da conclusão é pressuposta pelas premissas.
- **Espantalho**: consiste em atacar um argumento mais fraco para não ressaltar o melhor argumento do opositor.

**O orador foge do assunto, discute as razões
para se aceitar ou não uma conclusão?**

- **Contra o homem**: ataca-se o adversário com a intenção de desequilibrá-lo. Ataca-se pessoa que apresentou um argumento e não o argumento que apresentou.
- **Autoridade anônima**: generalizações ditas em nome de autoridades não citadas: "Os psicólogos dizem...". Faz-se apelo ao rumor para desacreditar o oponente.
- **Ignorância da questão ou conclusão irrelevante**: cria-se um "desvio temático" na intenção de substituir o assunto em pauta por outro.

**O orador faz apelos emocionais? Ataca mais os aspectos
afetivos da questão e não a questão em si?**

- **Apelo à piedade**: apela-se para a piedade ou compaixão dos envolvidos com o único intuito de justificar a inferência desejada.
- **Apelo popular**: utiliza-se a opinião popular como fator relevante de persuasão.
- **Apelo à ignorância**: baseia-se na impossibilidade momentânea de se demonstrar a verdade ou falsidade de uma questão em debate.
- **Apelo à força**: ressaltam-se as consequências desagradáveis que se seguirão se houver discordância da opinião do orador.

As figuras retóricas

> O autor se vale de citações, parábolas, paráfrases, estereótipos, chavões, figuras retóricas para persuadir?

O leitor por certo entendeu bem o texto de Heloísa Seixas. Talvez, porém, não tenha se dado conta de um parágrafo estruturado amplamente sobre ideias metafóricas:

> Ouvi e fiquei muda, *tomada por* uma *emoção fortíssima*. Até então nem me *passava pela cabeça* uma definição assim tão crua, afiada como uma sentença. E se Cony dizia é porque era verdade. Foi a partir desse dia que comecei, aos poucos, a acreditar. Mas daí a me definir como escritora na ficha dos hotéis ainda foi *uma longa estrada*.
>
> Fonte: Seixas, Heloísa. *Seleções*, Rio de Janeiro, jan. 2009, p. 47-48.

A figura pode mesmo não ser imediatamente captada pelo auditório, mas seu efeito é sempre notado em função dos objetivos do orador: *movere* (emoção suscitada); *docere* (conhecimento transmitido); *delectare* (prazer oferecido). Todas pretendem atingir o efeito persuasivo.

Figuras de presença

O exórdio do texto de Heloísa Seixas se constrói por meio da figura de presença:

> Figuras de presença: despertam o sentimento de presença do objeto do discurso na mente do auditório.

A mais comum das figuras de presença é a *repetição*, largamente usada nas propagandas para fixar o nome do produto ou da empresa fabricante. Uma prova de como a repetição é persuasiva encontra-se no *jingle* de uma loja de departamentos que, embora tenha encerrado atividades há alguns anos, ainda deixa na memória de muitos suas marcas:

> *Mappin*, venha correndo, *Mappin!*
> Chegou a hora, *Mappin!*
> É a liquidação. Liquidação do *Mappin!*
>
> Fonte: http://www.lalecrim.net/mappim-venha-correndo-mappin/.
> Acesso em: 4 maio 2010.

No discurso oral, as propagandas insistem ainda mais no uso da figura de presença:

> Apresentamos *Ultimate Ladder*, a combinação de segurança, qualidade e versatilidade. Um conceito que chamamos de SQV, criado tendo uma coisa em mente: Valor. *Ultimate Ladder* são 8 *escadas* em uma. Produzida em alumínio aeronáutico, é a utilidade indispensável em qualquer lar, a *Ultimate Ladder* é tão simples e leve que praticamente qualquer pessoa pode transportar e usar. Ela atinge um comprimento total de 4m, mas quando fechada é pequena o bastante para caber no porta-malas do seu carro. Com *escadas* comuns você não contorna curvas e nem sobe escadarias e você pode derrubar coisas, bater e marcar paredes e superfícies. Mas isso nunca acontece com a *Ultimate Ladder*. Com ela você contorna cantos e sobe e desce *escadas* facilmente. As *escadas* comuns são pesadas, grandes e desajeitadas, instáveis e inseguras e às vezes simplesmente não chegam lá.
>
> Fonte: POLISHOP. Disponível em: <www.polishop.com.br/is-bin/ INTERSHOP.enfinity/eCS/Store/pt/-/BRC/Include-Template;sid=rmU-3EBhHm6h0wSMXDUazFPN8c3_Y97_Z9E=?link=dino_inst_aempresa>. Acesso em: 5 jul. 2009.

No discurso religioso, a repetição é figura bastante utilizada. No exemplo a seguir, a *anáfora* (figura que consiste na repetição da mesma palavra no início da frase seguinte) funciona como figura de presença:

> Um dos traços característicos de Jesus é a sua imperturbável serenidade de espírito. *Quando* gravemente injuriado, ele não se exalta. *Quando* atraiçoado por Judas, Jesus lhe diz: "Amigo, a que vieste?" *Quando* esbofeteado perante o tribunal, faz a seu ofensor uma pergunta que revela absoluta calma e serenidade de alma.
>
> Fonte: ROHDEN, Huberto. *O caminho da felicidade.* São Paulo: Martin Claret, 2005, p. 87.

Saber o nome das figuras não é tão importante para o analista (depende da profundidade empreendida à análise), mas o olhar atento sobre elas pode revelar artimanhas persuasivas. Por exemplo, outra figura de presença bastante comum nos diversos gêneros retóricos é a *anadiplose* (repetição da mesma palavra ou expressão no final de uma frase ou oração e no começo da frase ou oração seguinte). O efeito de presença é dado pela construção da frase que adquire um efeito estilístico e, simultaneamente, argumentativo:

> E não somente (*nesta esperança*), mas também nos gloriamos nas tribulações, sabendo que a tribulação produz a paciência, a paciência (*produz*) a prova, e a prova a esperança, e a esperança não traz engano, porque a caridade de Deus está derramada em nossos corações pelo Espírito Santo, que nos foi dado.
>
> Fonte: BÍBLIA SAGRADA. Trad. VULGATA e anot. Pe. Matos Soares, 27. ed. São Paulo: Paulinas, 1971, p. 1359.

As técnicas de apresentação, criadoras da presença, são essenciais quando o orador pretende evocar realidades afastadas no tempo e no espaço. O objetivo, portanto, é criar uma presença em nossa consciência. Há várias possibilidades de transformar uma figura de estilo em figura argumentativa e, assim, criar um efeito de presença que realce o próprio argumento. Eis alguns deles:

– dividir o todo nas suas partes (amplificação);
– terminar com uma síntese do que foi dito (conglomeração);
– repetir a mesma ideia com outras palavras (sinonímia);
– insistir em certos tópicos, apesar de já entendidos pelo auditório (repetição);
– perguntar sobre algo quando já se conhece a resposta (interrogação);
– descrever as coisas de modo tão vívido que pareçam passar-se sob os nossos olhos (hipotipose).

Se observarmos atentamente o exemplo já dado anteriormente sobre a serenidade de Jesus, encontraremos quase todos esses recursos de presença:

Tese: "um dos traços característicos de Jesus é a sua imperturbável serenidade de espírito".

Divisão do todo em partes: "por que Jesus é sereno? Quando gravemente injuriado, ele não se exalta. Quando atraiçoado por Judas, Jesus lhe diz: 'Amigo, a que vieste?'. Quando esbofeteado perante o tribunal, faz a seu ofensor uma pergunta que revela absoluta calma e serenidade de alma".

Terminar com uma síntese do que já foi dito: "revela absoluta calma e *serenidade* de alma".

Repetir a mesma ideia com outras palavras: "faz a seu ofensor uma pergunta que revela absoluta *calma e serenidade* de alma".

Figuras de comunhão

Além das figuras de presença, o orador pode valer-se das figuras de comunhão.

> Figuras de comunhão: oferecem um conjunto de caracteres referentes ao acordo, à comunhão com as hierarquias e valores do auditório. Pretendem a participação ativa do auditório na exposição.

O texto de Heloísa Seixas, na narração, marca uma figura de comunhão muito envolvente, chamada *alusão*:

> A outra razão para meu estremecimento é que não sou apenas uma escritora – mas uma escritora brasileira. Isso não é fácil. Lê-se muito pouco no Brasil. O que talvez explique nossa tradição tão forte de cronistas. [...]
>
> Fonte: SEIXAS, Heloísa. *Seleções*, Rio de Janeiro, jan. 2009, p. 47-48.

Pela *alusão*, cria-se ou confirma-se a comunhão com o auditório por força de referências a uma cultura, a uma tradição, a um passado comum entre o orador e o auditório. Como se dirige a um auditório particular, composto por leitores brasileiros, a alusão à cultura brasileira é fator de comunhão e facilita a persuasão. Observe-se, também, como transforma o "eu", presente em todo o texto, em um "nós" (nossa tradição). Com esse artifício retórico (*enálage*), a autora une uma figura de presença e uma figura de comunhão ao integrar-se ao auditório.

Outro recurso de comunhão usado pela autora é a *citação*. Por meio dela, o autor corrobora o que diz com o peso da autoridade e, assim, cria uma relação de dependência do auditório ao texto citado:

> Ao me ver, Cony sorriu e, sem mais nem menos, virou-se para minha filha e disse: "Sabe de uma coisa? Sua mãe é uma escritora".
> Ouvi e fiquei muda, tomada por uma emoção fortíssima. Até então nem me passava pela cabeça uma definição

> assim tão crua, afiada como uma sentença. *E se Cony dizia é porque era verdade.* Foi a partir desse dia que comecei, aos poucos, a acreditar. Mas daí a me definir como escritora na ficha dos hotéis ainda foi uma longa estrada.
>
> Fonte: Seixas, Heloísa. *Seleções,* Rio de Janeiro, jan. 2009, p. 47-48.

Outros exemplos de citação encontram-se no uso de máximas e provérbios. A citação funciona como um argumento de autoridade.

Figuras de escolha

Cada auditório possui valores admitidos que influenciam na hora do acordo e que, ao orador, servem de referência para escolher os argumentos. É preciso fazer escolhas que funcionem persuasivamente, que sejam importantes e pertinentes. Por isso, a seleção dos dados implica uma interpretação por parte do orador. Se, por exemplo, numa tragédia, o filho mata o pai, um orador pode interpretar que o auditório está diante "do vingador de sua mãe". Outro, dependendo da circunstância, poderá defender que ali se vê o "frio assassino de seu próprio pai". Como se vê, a organização dos dados argumentativos consiste não só na interpretação, mas também no modo de apresentar certos aspectos desses mesmos dados, em consonância com os valores do auditório. No caso anterior, os oradores, ao criar *epítetos* (figura que consiste em tirar vantagem da adjetivação e em usar qualificativos de efeito), se valem do recurso da escolha.

> Figuras de escolha: um fato é selecionado e contextualizado. O orador, por meio da linguagem figurada (perífrase e epíteto, por exemplo), encontra uma maneira de qualificá-lo, caracterizá-lo e interpretá-lo, de acordo com seu interesse argumentativo.

A perífrase consiste na substituição de um nome por uma palavra ou expressão qualificativa: "*Cidade maravilhosa, cheia de encantos mil*". Quando a perífrase se refere a pessoas, chama-se *antonomásia*. Na campanha para eleição do presidente da República, por exemplo, os encarregados da campanha de Luiz Inácio Lula da Silva, em 2002, se valeram de uma perífrase, caracteristicamente uma figura de escolha, para designá-lo: "... esse dia entrará para a história do nosso país como o dia em que a *esperança* venceu". Como se percebe, a perífrase designa um ser através de alguma de suas características ou atributos, ou de um fato que o celebrizou: "O *Presidente dos Pobres* suicidou-se em 1954", numa referência ao ex-presidente Getúlio Vargas.

Às vezes, na dependência do auditório, o orador se vale de uma figura de escolha: a correção, que consiste em substituir uma palavra ou expressão por outra com o objetivo de modificar o sentido da afirmação. Denominações como "Programa Nacional de Transferência de Renda", "Programa Nacional de Incentivo ao Estudo", "Programa Municipal de Alimentação à População de Baixa Renda" ou "Programa Municipal de Distribuição de Medicamentos" exigem esforço de memória e não são envolventes. Corrigidos para "Bolsa Família", "ProUni", "Bom Prato" e "Dose Certa", atingem diretamente o auditório – este composto pelo cidadão brasileiro comum – por seu sintetismo, clareza e facilidade de estabelecimento.

As analogias

Como o orador emprega as analogias?

O discurso pode criar-se sobre imagens que provoquem a sensibilização do interlocutor. O orador, em busca das reações de ordem emotiva, sentimental ou de prazer proporcionadas pelas palavras, preocupa-se com a expressividade. Assim, para além dos diferentes sentidos que as palavras evocam, a harmonia e musicalidade do texto são dignificadas. Do mesmo modo, o uso das metáforas e metonímias ganha contornos importantes para a produção dos sentidos. A expressividade é uma conquista e, como recurso argumentativo, funciona duplamente, a serviço do raciocínio: por um lado, prepara o espírito do auditório para que se disponha positivamente a acompanhar a argumentação desenvolvida e procura sensibilizá-lo para a crença ou a atitude que o orador pretende alcançar por meio da argumentação. O que se ressalta, então, é que, do ponto de vista retórico, as tradicionais figuras de linguagem deixam de ser interpretadas como mecanismos que tornam o discurso elegante ou bonito, mas exercem papel emotivo e argumentativo na medida em que impressionam e se colocam, também, como condensadoras de determinados valores em torno dos quais a argumentação se estabelece.

Observemos alguns trechos de uma entrevista dada pelo ex-presidente Fernando Henrique à *Folha de S.Paulo*, em primeiro de julho de 2009, sobre os 15 anos do plano Real no Brasil:

> "Quando se tem uma economia doente e inchada como a nossa, a cura não é rápida. Você faz a operação e tem que ajustar todo o corpo à nova situação."

Fernando Henrique promove uma imbricação de dois campos semânticos: de um lado, a linguagem remete à economia propriamente dita; de outro, à Medicina e seu poder curativo. Explora, assim, um conhecimento cultural partilhado para estabelecer a produção de sentidos. E assim procede por meio de recursos metafóricos: a economia é doente e inchada.

Metáfora é palavra herdada do grego e significava "transporte". De forma bem simples, é uma comparação (A economia é *como* um doente) que não contém os elementos comparativos (como, que nem, igual a). A metáfora permite uma ampliação dos significados daquilo que se está querendo dizer. Aproxima dois substantivos para ressaltar suas similaridades sem descartar as dissimilaridades. Ao evidenciar as similaridades entre dois elementos que estão sendo comparados, os significados de ambos expandem-se reciprocamente. Em retórica, porém, não se pode reduzir a metáfora ao seu papel de comparar ou de explorar criativamente as semelhanças entre duas entidades, qualidades ou relações. Mais do que isso, ela pode condensar a conclusão de um raciocínio, pode refletir um argumento e ao analista compete refazer a analogia que lhe deu origem ou que a subsidia para tentar encontrar características persuasivas.

Como ocorre no exemplo anterior, as metáforas comumente são utilizadas para aproximar diferentes campos do conhecimento e podem funcionar como recurso para enriquecer e ampliar os significados ao levar conceitos de um campo do conhecimento para o outro e vice-versa, desde que o auditório reconheça os dois campos e faça as associações pretendidas. As manchetes de jornal e as propagandas exploram essa *retórica da cura* para chamar a atenção dos leitores e, não raro, associam a metáfora à hipérbole (a figura do exagero):

> — Paraná vence e sai da uti (*Agora*, 13 out. 2002)
> — Indústria ajusta estoques e começa a retomar fôlego (*Folha de S.Paulo*, 1 jul. 2009)

No discurso político, as expressões metafóricas que traduzem a *retórica da cura* também não são raras:

> Lula voltou a reclamar dos que preveem forte impacto da crise na economia brasileira. "Como se não bastasse dizer só a verdade: que a crise é grave e criada pelos países ricos e não em Tucuruí, em Garanhuns ou no Brasil ou na Venezuela. *A doença (crise) tem gravidade, mas se dermos o remédio certo não precisamos fazer a apologia da morte como alguns fazem*", afirmou o presidente.
>
> Fonte: *A Tarde Online*. Disponível em: http://www.atarde.com.br/imprimir.jsf?id=1000702. Acesso em: 4 ago. 2008.

A *retórica da cura* toma a sociedade como um corpo. Por falta de saúde, deve-se providenciar o restabelecimento do doente: ministrar remédios, realizar operações cirúrgicas etc. São importantes no seio do discurso por explorarem um valor muito caro aos homens em geral: a manutenção da saúde. Por isso, quando se explora a *retórica da cura*, em geral se fala de um mal grave, que precisa ser imediatamente debelado. Ideias ligadas à vida e à morte são rapidamente associadas no auditório e o argumento fica mais sólido. Como muitas metáforas desse tipo já são desgastadas, normalmente a percepção não é imediata, mas o olhar atento do analista pode revelar que a incidência exaustiva dessa retórica pode ser "sintoma" intencional de persuadir. Convém ressaltar que os textos são polissêmicos e o propósito do orador em sua relação com o auditório é que pode indicar se há ou não intencionalidade nas analogias empregadas.

Por meio de uma *retórica de manutenção*, a saúde é estimulada. No Brasil, depois de várias campanhas contra o uso do cigarro e da bebida, um forte apelo retórico de manutenção foi lançado para que se consolidasse na sociedade uma ideia: uma geração inteira foi denominada "geração saúde" para contrapor-se às gerações anteriores, fortemente influenciadas pelo cinema e por outros meios de comunicação que, direta ou indiretamente, estimulavam o vício, por meio da exploração da fama, ao apresentar atores e atrizes fumando e bebendo em muitas e muitas cenas. Numa sociedade capitalista, a figura do atleta, que personifica a saúde, pode, pelo destaque ao salário que recebe e por meio de metáforas, ser valorizada (e vendida). Desse modo, um texto que se esconde sob uma reportagem é, na verdade, um grande apelo publicitário:

> **As estrelas do Pinheiros**
>
> *Altos salários, altas expectativas*
>
> Eleito duas vezes o melhor jogador de vôlei do mundo e cinco do Brasil, Giba estava fora do país havia oito anos. Atuava no time russo Iskra Odintsovo. Agora, ele chega ao Pinheiros com salário estimado em 120 mil reais – o maior pago pelo clube. As expectativas da empresa patrocinadora e da diretoria são diretamente proporcionais à remuneração: firmar a equipe como uma das principais do Brasil em uma temporada. "Vamos vencer o campeonato paulista e o Nacional", confia Antonio Moreno Neto, presidente do Pinheiros.
>
> Fonte: *Veja SP*, 1 jul. 2009, p. 51.

Um comentário, retirado do interior da reportagem, mostra como apelos são persuasivos e espalham ideologia (aqui, ser saudável é sinônimo de prestígio e poder econômico, dois valores importantes para os filiados ao capital):

> Assim que começarem a jogar, vai *chover gente* querendo praticar vôlei, aposta o presidente do clube, Antonio Moreno Neto. Se sua previsão se concretizar, será apenas o repeteco do que se viu em outras modalidades. A chegada de Daiane dos Santos e Laís Sousa, em setembro, atraiu 100 alunos para as aulas de ginástica, por exemplo. Tiago

> Camilo, que ganhou bronze na Olimpíada de Pequim, conquistou indiretamente 400 novos adeptos do judô.
>
> Fonte: *Veja SP*, 1 jul. 2009, edição 2119, p. 51.

É nítido que a reportagem se torna persuasiva numa sociedade capitalista, pois explora o imaginário, que é constituído de acordo com exemplos que os jovens têm de valores e crenças do meio em que vivem. Desse modo, buscam em sua memória a base para decidir sobre o que é certo ou errado e, em consequência, moldam suas ações a partir desses valores. A publicidade em geral alcança grande sucesso, justamente por investir na construção do imaginário social. A Mídia pode disseminar valores negativos ou positivos, numa dependência direta de seus objetivos. Pode exercer sua influência para gerar adultos conscientes e avessos ao vício ou, do mesmo modo, pode, por diversas formas, fomentá-lo.

O discurso laudatório de promoção da saúde impulsiona o jovem para adquirir um poder, uma realidade cultural que está presente nos mecanismos do intercâmbio social: classes, grupo, modas, opiniões correntes, espetáculos, jogos, esportes, informações, relações familiares e privadas e "até mesmo nos impulsos liberadores que tentam contestá-lo" (Barthes, s/d: 11). Para Barthes, o poder é uma energia prazerosa que está presente em todas as ações dos sujeitos. Ao trabalhar com o imaginário de um auditório, é possível tanto moldar atletas disciplinados e saudáveis quanto *skinheads*, revoltados e violentos.

É interessante, então, para o analista, notar se o orador, por uma razão ou outra, reforça, pelas metáforas, impressões ideológicas, concepções filosóficas do existir, artimanhas políticas etc. É fácil notar, por exemplo, que há uma *retórica da guerra* expressa nas metáforas relativas ao futebol, à economia e nas atividades profissionais em geral, como mostram os exemplos a seguir:

> **Peixes da moda lutam para sobreviver entre os tubarões**
> [...] A grife Wilson e outras pequenas marcas *são peixinhos num caldeirão* cada vez mais dominado por empresas mantidas por *peixões* dos grandes grupos de investimento.
>
> Fonte: *Folha de S.Paulo*, 23 jun. 2009, Cotidiano.
>
> *Furtos em hotéis e ação de pedinte desencadeiam* bombardeio *de questionamentos sobre segurança na copa de 2010.*
> A mídia do Primeiro Mundo *abriu fogo* contra a organização da Copa do Mundo na África. O *estopim* para isso foram os supostos furtos nos hotéis que hospedaram as delegações das seleções brasileira, em Pretória, e egípcia, em Johannesburgo, na semana passada.
>
> Fonte: *Folha de S.Paulo*, Esportes, 23 jun. 2009.

Essas metáforas podem ser, em sua maioria, desgastadas e pouco perceptíveis no cotidiano, mas concentram em si um simbolismo riquíssimo: se existe guerra, há inimigos a combater, há ameaças no ar, há necessidade de estratégias de defesa e ataque. Enfim, há uma *retórica da guerra* que infiltra uma visão de mundo centrada na concepção de vida como luta, como batalha. Não compete ao analista do texto retórico julgar se as expressões metafóricas ligadas à guerra são boas ou más, mas sim observar que são muito comuns em muitos textos públicos e que, de algum modo, denotam a assimilação da violência pelo discurso.

Como o autor dispõe as figuras em relação aos aspectos ideológicos?

De forma bem simples, a ideologia consiste em fazer passar parte de uma verdade como se fosse sinônimo de toda a verdade. Em sentido amplo, é a filosofia de vida, a visão de mundo de um grupo. Compreende as concepções políticas, jurídicas, filosóficas, estéticas de uma instituição ou sociedade. Evidentemente, em defesa da ideologia, se usa muita retórica. Oradores, diante de um debate ideológico, mostram parte da verdade, escondem objetivos escusos, não têm interesse em revelar facetas menos agradáveis de uma determinada ideia contida no conjunto ideológico. A ideologia relaciona-se com os pontos de partida do preferível – o bom, o justo e o belo –, e pode manifestar-se por meio de figuras como um efeito retórico que fortalece um argumento fraco. São várias as figuras que reforçam aspectos ideológicos:

– **Vacina**: para camuflar um mal essencial de uma instituição, confessa-se um mal acidental. O exemplo a seguir ilustra como isso se dá: uma empresa estatal anuncia que demitiu um funcionário por "suspeita" de desvio de recursos. Não revela que a suspeita tem número: 120 milhões. Também não revela que usa um eufemismo (desvio de recursos) para evitar uma palavra mais impactante: corrupção. As reais causas são detectadas pela leitora da *Folha de S.Paulo*, certamente uma analista do discurso retórico, ao verificar como se constitui o contexto retórico e a questão:

A *Folha* noticiou que Geovane Morais, gerente da Petrobras, foi demitido por justa causa por suspeita de desvio de recursos. Ele gastou sem licitações nem autorização R$ 120 milhões a mais do que o previsto, embora tivesse um orçamento de R$ 31 milhões.

Isso significa que fazia na empresa o que queria, sem fiscalização nenhuma. O dinheiro serviu para ajudar a eleger o governador da Bahia Jaques Wagner (PT-BA) e duas prefeitas do PT. Uma verdadeira farra com dinheiro público, filmando festa de São João e Carnaval na Bahia.

E o deputado Ricardo Berzoini (PT-SP) chama de salafrários aqueles que querem investigar a Petrobras. Diante das denúncias noticiadas, o deputado deve estar enganado. Salafrários são aqueles que, useiros e vezeiros em se aproveitar do dinheiro público, não gostam de dar satisfações. Se a oposição estava em dúvida quanto à investigação, eis agora mais elementos que levam o temor de Lula e de seus companheiros a abafar o caso.

Fonte: Avallone, Izabel. *Folha de S.Paulo*, Painel do Leitor, 23 jun. 2009.

– **Omissão histórica**: para reforçar uma ideia, esconde-se um fato da história e se faz generalizações. O analista deve estar atento a frases com os termos "direito natural", "tradicionalmente", "sempre foi assim". Quanto de história se esconde num argumento como esse: "A propriedade é um direito natural"?
– **Identificação**: desprezam-se as diferenças individuais e fala-se em nome dos outros: "Todo mundo admite...", "Ninguém contesta...", "Graças à fidelidade e aprovação unânime de todos vocês, nossos clientes, a X é hoje uma referência..." Na identificação, nota-se que o orador transforma-se no outro.
– **Tautologia**: refine-se o mesmo pelo mesmo: "Fatos são fatos".
– **Ninismo**: colocam-se em frente dois contrários, equilibra-se um com o outro, de modo a rejeitar os dois (nem isso, nem aquilo).
– **Quantificação da qualidade**: reduz-se a qualidade à quantidade. Argumento muito usado na publicidade: "se vende muito é porque é excelente", "Trata-se de um programa de grande audiência popular, logo o programa é bom."

– **Constatação**: para atingir um objetivo, reduz-se o argumento em uma máxima admitida, como forma de recusa a uma explicação: querer é poder. Quem casa quer casa.

Ao analisar o discurso disposto em texto, o analista precisa lembrar-se que a retórica é neutra, e tenta persuadir a propósito de uma questão, não importa qual, desde que seja provável. Assim como acusa, defende. Assim como aconselha, desaconselha. Pode vituperar ou exaltar e fica à disposição da direita e da esquerda, dos bons e dos maus. Não se vincula, também, a um determinado tipo de conteúdo. Em qualquer questão, ensina a descobrir os meios de provar.

Passo 5: o sistema retórico – a *actio*

A ação *(actio* ou *pronuntiatio)* é a última das operações do modelo retórico. Consiste na emissão, perante o auditório, do texto construído pela atividade das três operações anteriores constituintes do discurso (*inventio, dispositio, elocutio*). A ação tem como finalidade a captação da atenção do auditório e a persuasão. Mantém um vínculo com a Pragmática, pois engloba os componentes sintáticos, semânticos e interacionais em busca da eficácia.

A *actio trabalha com os* componentes emotivos da emissão da palavra: a gestualidade (*kinésica*) e a interação com o espaço (*proxêmica)*. Nesse sentido, o verbal e o não verbal podem ser objetos de análise retórica e já encontramos muitos trabalhos que têm como base os estudos semióticos contemporâneos para desvendar sutilezas retóricas. Destaque-se que a *actio* é uma forma particular de interação: orador e auditório estão plenamente envolvidos no processo de transmissão e recepção do discurso num contexto enunciativo-pragmático-interacional. Ao adotar um critério pragmático de análise, a retórica é vista como ação que persuade. Nesse sentido, enfatiza-se a relação entre ato retórico e objetivos para verificar a eficácia do discurso, sempre em função da adequação à situação que o provocou. Um critério estético se impõe naturalmente quando se trata de verificar a eficácia de um discurso: o orador pode tocar profundamente ou não impressionar um auditório na dependência direta de sua capacidade de lidar com os argumentos, reforçar valores e hierarquias de forma harmônica e eloquente. Os critérios éticos não podem ser desprezados, pois é natural que se avalie um objeto pelas suas consequências psicossociais na sociedade em que se dá o ato retórico. A questão que se coloca ao analista é sempre resumida em um julgamento de valor, de peso de um discurso para a dignificação, degradação, mediocrização ou aperfeiçoamento do humano em nós.

Hoje, é comum vermos debates na televisão e, no dia seguinte, os jornais divulgarem quem foi o "vencedor" do confronto verbal. Por definição, os debates são eventos contraditórios que abrem espaço para indagações diretas, respondidas de forma apressada, nos limites do tempo combinado previamente com as emissoras de TV. Os resultados, sabemos, podem elevar ou destruir a imagem pública de um debatedor. Como não há tempo para esgotar um tema, as questões substantivas cedem lugar a um aparato cênico, a um show. Por serem da natureza do debate contemporâneo, todos esses fatores precisam ser levados em conta no momento da análise. Outro fator preponderante é o fato de que todo ato retórico sofre limitações que operam sobre o conteúdo e a forma. A capacidade do orador de lidar com essas restrições é que o tornam mais ou menos hábil na tarefa de convencer ou persuadir. Essa nuance constitutiva do *ethos* inspira a primeira pergunta ao texto:

Construção do *ethos*

Como se dá a construção do *ethos* do orador?

O primeiro ponto a ser observado pode ser filtrado pelo viés da construção da imagem pública, da luta pela determinação do *ethos* de cada orador. Essa leitura é fundamental, pois determinará o modo como a figura do candidato ficará impressa na memória do eleitor, do fiel, do comprador. Nesse sentido, é importante observar se o discurso proferido assume configuração que crie condições para que o auditório julgue o orador como digno de fé. Como afirmava Aristóteles, as pessoas honestas inspiram grande e pronta confiança quando tratam das questões em geral e inteira confiança quando abordam questões que não comportam nenhum modo de certeza.

A confiança é adquirida no efeito do discurso sobre o auditório. Demonstrar conhecimento de causa, demonstrar honestidade e segurança movem o auditório para o espaço da confiança. Aristóteles dizia que é sobretudo às pessoas honestas que se presta atenção e enumerou três qualidades que inspiram confiança: (a) prudência/sabedoria prática (*phrónesis*), (b) virtude (*areté*), e (c) benevolência (*eunoia*).

Em qualquer ato retórico é fundamental ganhar credibilidade do auditório, pois mesmo que os argumentos que pretendam provar o justo e o verdadeiro tenham maior força persuasiva do que seus opostos, a tese pode não ser aceita pelo auditório se não houver confiança no *ethos* do orador. A justa medida é o ideal. Se um orador se inflama para falar de assuntos que, sabidamente, não conseguirá resolver de modo satisfatório, pode mostrar-se imprudente. Se condenar sumariamente inimigos bem mais fracos, pode parecer pouco benevolente. É preciso, então, observar se o orador é equilibrado no dizer, já que pode parecer enérgico sem ser irredutível ou cruel, pode parecer indignado, mas sabe revestir a indignação de uma dose certa de prudência e de bom-senso.

A demonstração de uma sabedoria prática é fundamental: demonstração de experiência sobre o tema, opiniões fundamentadas e demonstrações de sabedoria são chaves retóricas que alicerçam positivamente o *ethos*. A sabedoria, entretanto, como ensina um provérbio antigo, reina, mas não "governa". A prudência é o agir deliberado, refletido, ponderado, discutido e longamente examinado.

Estratégias de polidez

Como o orador demonstra as estratégias de polidez (*eunoia*)?

É possível verificar o grau de preocupação do orador com o auditório por meio de perguntas simples: o orador demonstra desejo de satisfazer, parcialmente, as aspirações do auditório pela demonstração de que há desejos comuns entre ambos? Quais são as manifestações de deferência, de atenções dadas ao auditório? Como procede para solicitar razões ou justificativas do auditório ou do interlocutor?

Sempre em consonância com os objetivos e a natureza do auditório, podem constituir-se como fatores negativos da *eunoia* o uso sensível de evasivas, expressões que denotem fuga do comprometimento, termos que imputam responsabilidade ao auditório sem justificativa plausível. É preciso notar que nos diversos contextos de interação social, os envolvidos apresentam, uns aos outros, diferentes linhas de conduta que deverão ser mantidas mediante estratégias sociointeracionais. Como o interesse, nesse caso, é evitar rupturas e conflitos nas interações, as estratégias de preservação das faces, aliadas a estratégias de polidez, auxiliam tanto nas interações simétricas (quando é frágil o equilíbrio) como nas assimétricas (quando as relações de poder procuram impedir, por meio de ameaças, coerção, amedrontamento ou manipulação, a resposta do outro na interlocução).

O orador pode exibir o poder que tem, mas necessita de muita retórica para não parecer arrogante, ditatorial e cruel. Em síntese, a capacidade de um indivíduo exibir poder terá efeitos diferentes, dependendo do modo como interage com os demais. A publicidade, por exemplo, sabe exercer o poder de forma criativa, amena ou agressiva, mas sempre toma extremado cuidado com as reações do auditório. Sabem os publicitários que as rupturas da interação social podem trazer consequências muito contundentes no resultado da venda de um produto. Em outros setores da atividade humana, o poder precisa ser exercido com diplomacia para evitar situações incontornáveis ou embaraçosas nas relações familiares, profissionais e sociais.

> Por isso, é prudente verificar se o efeito retórico das seguintes estratégias é positivo ou negativo no discurso: o orador é evasivo? Compromete-se? Demonstra pessimismo? Sabe desculpar-se com elegância e com verossimilhança? Vale-se do recurso da impessoalização para indicar que pretende impingir algo ao auditório? Oferece compensações para o auditório? Vale-se de falácias?

Um discurso pode, também, apresentar polidez indireta: um ato comunicativo em que o orador deixa uma saída para si pela enumeração de interpretações defensáveis. Com essa estratégia, preserva a face e evita responsabilidades ao deixar uma interpretação por conta do auditório. Pode-se verificar, então, se o orador fornece pistas e sugestões indiretas, se explora as pressuposições, se, conscientemente, minimiza a expressão para não dizer tudo o que seria necessário. No avesso dessa última atitude encontra-se o exagero da expressão (hipérbole). Ampliando o ângulo analítico, pode-se verificar se o orador recorre à tautologia, se cai em contradições, se é irônico, ambíguo, vago, se generaliza para evitar a exposição da opinião individualizada, pois o orador sabe que a manifestação direta de opiniões pode torná-lo vulnerável a críticas e, por isso, julga importante o apagamento das marcas da enunciação. A impessoalização é a estratégia mais usada: "é possível que", "parece que", "é provável que", "dizem", "falam".

Efeitos passionais

Como se constroem os efeitos passionais?

É na intersubjetividade que se processam os sentidos discursivos. Uma espécie de "razão emotiva" toma conta do auditório quando o orador, como resultado da exploração do belo, provoca admiração; do mesmo modo, quando diante de uma situação conflitiva, explora o sublime e deixa o auditório estupefato. É virtude do orador buscar a cooperação na atividade de linguagem. Pode assim proceder por meio de, pelo menos, duas estratégias significativas: pela exploração das paixões e pela exploração da natureza estética da linguagem. Ao despertar simpatia, por exemplo, movimenta as paixões do auditório (*pathos*) e, ao mesmo tempo, ao incitar o gosto estético do auditório, pode estar apenas revestindo um argumento fraco com os tons da beleza de uma metáfora ou de outra figura de retórica. Há nesse caso, pela exploração do *pathos*, a exploração de uma estratégia que faz prevalecer a beleza e a emoção, grandes passos em busca do *movere*. Assim como um discurso inflamado não é sinônimo de sinceridade, também um discurso suave e agradável não equivale a um engodo ou desestabilização emocional. Um e outro funcionam como recurso discursivo que objetiva inflamar ou suavizar o acompanhamento da racionalização argumentativa. Na emoção se manifesta a capacidade criativa do orador. O maior ou menor sucesso da argumentação está relacionado, também, com a maneira como os argumentos se organizam, com as palavras que se empregam, com o estilo menos ou mais formal em que se desenvolve. A lógica ou não do argumento pode até continuar a mesma, mas o revestimento das palavras em paixões constitui uma estrada de captação da atenção do auditório. Na verdade, pouco interessam as paixões que o orador cultiva. O fundamental é encontrar aquelas que movem o auditório. É possível notar no discurso os efeitos discursivos que provocam cólera, calma, temor, segurança, (confiança, audácia), inveja, impudência, amor, ódio, vergonha, emulação, compaixão, favor (obsequiosidade), indignação e desprezo. Do mesmo modo, como efeito discursivo, o orador pode, com intensidade maior ou menor, suscitar piedade, frustração, desprezo, reconhecimento, ciúme, mágoa, dor e uma infinidade de reações afetivas em busca do acordo com o auditório.

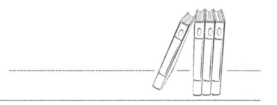

A lógica do verossímil

Os estudos da Nova Retórica configuram uma nova forma de olhar os argumentos, a partir da lógica do razoável, do verossímil. No *Tratado da argumentação*, escrito em parceria com L. Olbrechts-Tyteca, Perelman estuda as técnicas discursivas que ajudam a provocar ou aumentar a adesão das pessoas às teses que são apresentadas à sua aceitação. A proposta central de Perelman sustenta-se na crença de que entre a força de arbitrariedade das crenças e da demonstração científica, existe uma lógica do verossímil que constitui a argumentação e, nessa perspectiva, retoma a noção de *acordo*, desprezada pelo pensamento positivista. A nova retórica reveste de atualidade as premissas da retórica aristotélica e propõe uma metodologia de análise não apenas de discurso, mas do próprio comportamento social.

O *acordo* se impõe nos casos em que ou faltam ou são insuficientes os meios de prova e também nas ocasiões em que o objeto do debate não é a verdade de uma proposição, mas sim o valor de uma decisão. Nesse sentido, uma tese será aceita se for oportuna, justa e socialmente útil. Origina-se em fatos de conhecimento público ou notório, pode referir-se à hierarquia de valores de uma dada sociedade ou de um auditório específico, tais como congregações religiosas, grupos profissionais etc. Os autores enfatizam, porém, que toda argumentação é necessariamente contextualizada e pessoal. Assim, para conseguir persuasão, é necessário obter a adesão do auditório e estruturar o discurso em função dele. É também o auditório que condiciona o gênero oratório a ser adotado (judiciário, epidítico ou deliberativo). Fornecem-nos, assim, um esquema para os estudos da argumentação ao propor uma nova leitura da retórica clássica:

Poder Judiciário do Estado do Rio de Janeiro
Comarca de Niterói – Nona Vara Cível

Processo nº 2005.002.003424-4
SENTENÇA

Cuidam-se os autos de ação de obrigação de fazer manejada por ANTONIO MARREIROS DA SILVA MELO NETO contra O CONDOMÍNIO DO EDIFÍCIO LUÍZA VILLAGE e JEANETTE GRANATO, alegando o autor fatos precedentes ocorridos no interior do prédio que o levaram a pedir que fosse tratado formalmente de "senhor".
Disse o requerente que sofreu danos, e que esperava a procedência do pedido inicial para dar a ele autor e suas visitas o tratamento de "Doutor", "senhor", "Doutora", "senhora", sob pena de multa diária a ser fixada judicial-

mente, bem como requereu a condenação dos réus em dano moral não inferior a 100 salários mínimos. [...]

DECIDO. "O problema do fundamento de um direito apresenta-se diferentemente conforme se trate de buscar o fundamento de um direito que se tem ou de um direito que se gostaria de ter." (BOBBIO, Noberto. *A era dos direitos*. Rio de Janeiro: Campus, 2004, p. 15).

Trata-se o autor de Juiz digno, merecendo todo o respeito deste sentenciante e de todas as demais pessoas da sociedade, não se justificando tamanha publicidade que tomou este processo. Agiu o requerente como jurisdicionado, na crença de seu direito. Plausível sua conduta, na medida em que atribuiu ao Estado a solução do conflito. Não deseja o ilustre Juiz tola bajulice, nem esta ação pode ter conotação de incompreensível futilidade. O cerne do inconformismo é de cunho eminentemente subjetivo, e ninguém, a não ser o próprio autor, sente tal dor, e este sentenciante bem compreende o que tanto incomoda o probo Requerente.

Está claro que não quer, nem nunca quis o autor, impor medo de autoridade, ou que lhe dediquem cumprimento laudatório, posto que é homem de notada grandeza e virtude. Entretanto, entendo que não lhe assiste razão jurídica na pretensão deduzida.

"Doutor" não é forma de tratamento, e sim título acadêmico utilizado apenas quando se apresenta tese a uma banca e esta a julga merecedora de um doutoramento. Emprega-se apenas às pessoas que tenham tal grau, e mesmo assim no meio universitário. Constitui-se mera tradição referir-se a outras pessoas de "doutor", sem o ser, e fora do meio acadêmico. Daí a expressão doutor *honoris causa* – para a honra –, que se trata de título conferido por uma universidade à guisa de homenagem a determinada pessoa, sem submetê-la a exame. Por outro lado, vale lem-

brar que "professor" e "mestre" são títulos exclusivos dos que se dedicam ao magistério, após concluído o curso de mestrado. Embora a expressão "senhor" confira a desejada formalidade às comunicações – não é pronome –, e possa até o autor aspirar distanciamento em relação a qualquer pessoa, afastando intimidades, não existe regra legal que imponha obrigação ao empregado do condomínio a ele assim se referir. O empregado que se refere ao autor por "você", pode estar sendo cortês, posto que "você" não é pronome depreciativo. Isso é formalidade, decorrente do estilo de fala, sem quebra de hierarquia ou incidência de insubordinação. Fala-se segundo sua classe social. O brasileiro tem tendência na variedade coloquial relaxada, em especial a classe "semiculta", que sequer se importa com isso. Na verdade "você" é variante – contração da alocução – do tratamento respeitoso "Vossa Mercê".

A professora de linguística Eliana Pitombo Teixeira ensina que os textos literários que apresentam altas frequências do pronome "você", devem ser classificados como formais. Em qualquer lugar desse país, é usual as pessoas serem chamadas de "seu" ou "dona", e isso é tratamento formal.

Em recente pesquisa universitária, constatou-se que o simples uso do nome da pessoa substitui o senhor/a senhora e você quando usados como prenome, isso porque soa como pejorativo tratamento diferente. Na edição promovida por Jorge Amado *Crônica de viver baiano seiscentista*, nos poemas de Gregório de Matos, destacou o escritor que Miécio Táti anotara que "você" é tratamento cerimonioso (1999).

Urge ressaltar que tratamento cerimonioso é reservado a círculos fechados da diplomacia, clero, governo, judiciário e meio acadêmico, como já se disse. A própria Presidência da República fez publicar Manual de Redação instituindo o protocolo interno entre os demais Poderes. Mas na relação social não há ritual litúrgico a ser obedecido. Por isso que se diz que a alternância de "você" e "senhor" traduz-se numa questão sociolinguística, de difícil equação num país como o Brasil, de várias influências regionais.

Ao Judiciário não compete decidir sobre a relação de educação, etiqueta, cortesia ou coisas do gênero, a ser estabelecida entre o empregado do condomínio e o condômino, posto que isso é tema *interna corpore* daquela própria comunidade. Isso posto, por estar convicto de que inexiste direito a ser agasalhado, mesmo que lamentando o incômodo pessoal experimentado pelo ilustre autor, julgo improcedente o pedido inicial, condenando o postulante no pagamento de custas e honorários de 10% sobre o valor da causa.

P.R.I.

Niterói, 2 de maio de 2005.

ALEXANDRE EDUARDO SCISINIO

Juiz de Direito

Para Perelman, as técnicas argumentativas se apresentam sob dois aspectos: o positivo consiste no estabelecimento de solidariedade entre teses que se procuram promover e as teses já admitidas pelo auditório: são os *argumentos de ligação*. O negativo visa abalar ou romper a solidariedade entre as teses admitidas e as que se opõem às teses do orador: *ruptura das ligações e argumentos de dissociação*.

Os argumentos de ligação agrupam-se em três classes: *os argumentos quase lógicos, os argumentos fundados na estrutura do real*, e aqueles que *fundam a estrutura do real*.

Argumentos quase lógicos

São aqueles que se apresentam explicitamente, que têm sua força persuasiva na proximidade (semelhança) com argumentos formais: *o orador designará os raciocínios formais aos quais se refere prevalecendo-se do prestígio do pensamento lógico, ora estes constituirão apenas uma trama subjacente* (Perelman; Olbrechts-Tyteca, 1996: 220). A argumentação, sabemos, rejeita o tudo ou nada. Os argumentos quase lógicos, com sua aparência lógica, procuram a identidade ou a transitividade. Não fazem apelo à experiência porque procuram demonstrar. Como, porém, não são lógicos, permitem a refutação, ou seja, que o adversário mostre que não são puramente lógicos.

> Os *argumentos quase lógicos* são aqueles cuja estrutura lógica lembra os argumentos da lógica formal, mas não possuem o mesmo rigor por não ter valor conclusivo, já que é impossível eliminar da linguagem comum toda a ambiguidade e as múltiplas possibilidades de interpretação. Assim, para cada argumento lógico, de validade reconhecida e incontestável, corresponderá um argumento quase lógico, de estrutura semelhante, cuja força persuasiva consiste justamente na sua proximidade com aquele.

Nessa categoria, encontramos:

A contradição e a incompatibilidade: o ridículo

No texto, o juiz reclamante parte de uma presunção: entende que o respeito se presentifica pelo tratamento linguístico que se dá alguém ("Marreiros se sentia desrespeitado toda vez que o porteiro o chamava de 'você'").

No bojo dessa ideia, há outra presunção: a de que a qualidade de um ato manifesta a qualidade da pessoa que o praticou ("Também quis uma indenização de 100 salários mínimos por danos morais").

Aparentemente, há dois silogismos bem articulados:

Todo homem merece ser respeitado.
Ora, sou homem.
Logo, mereço respeito.

Todo homem que não respeita o outro merece castigo.
Ora, o porteiro me desrespeitou.
Logo, merece castigo.

A questão é que, embora as premissas pareçam lógicas, o termo "respeito" recebeu do reclamante uma interpretação que poderia ser contestada, uma vez que se limitava, sobretudo, à forma de tratamento empregada pelo porteiro. Assim, o argumento era quase lógico e não inteiramente lógico. A linguagem não pode mesmo ser considerada inteiramente unívoca. Há um raciocínio não declarado pelo reclamante: nem todos os chamados "doutores" são, de fato doutores, e atribuir esse título a alguém não significa, necessariamente, respeitá-lo.

Como esses argumentos apresentados pelo juiz reclamante não poderiam ser tomados como inteiramentes lógicos e verdadeiros, precisou apoiar-se na Justiça para conquistar adesão por meio de julgamento formal, exercido por um juiz de direito.

Um dos juízes, como já vimos no texto "A arrogância do doutor", de Cristina Moreno de Castro, considerou as ideias do reclamante, concordou com elas e declarou compatibilidade:

> Tratando-se de magistrado, cuja preservação da dignidade e do decoro da função que exerce, e antes de ser direito do agravante, mas um dever e, verificando-se dos autos que o mesmo vem sofrendo, não somente em enorme desrespeito por parte de empregados subalternos do condomínio onde reside, mas também verdadeiros desacatos, mostra-se, data vênia, teratológica a decisão do juízo *a quo* ao indeferir a antecipação de tutela pretendida. Isto posto,

> defiro-a de plano. Oficie-se, inclusive solicitando as informações e indagando sobre o cumprimento do art. 526, do CPC. Intimem-se os agravados para contrarrazões, por carta.

Como se vê, o juiz criou uma tese de adesão inicial, centrada no direito do reclamante. O segundo juiz parte da mesma tese para iniciar a argumentação e assim procede a partir de um argumento de autoridade (a citação):

> O problema do fundamento de um direito apresenta-se diferentemente conforme se trate de buscar o fundamento de um direito que se tem ou de um direito que se gostaria de ter.

Depois, procura demonstrar que há *incompatibilidade* entre o que é julgado como direito tanto pelo juiz que dera a sentença quanto pelo reclamante. Considera que o que está em julgamento parte de uma presunção e de uma verdade e escreve:

> Está claro que não quer, nem nunca quis o autor, impor medo de autoridade, ou que lhe dediquem cumprimento laudatório, posto que é homem de notada grandeza e virtude. *Entretanto, entendo que não lhe assiste razão jurídica na pretensão deduzida.*

Para exemplificar o porquê da incompatibilidade, explica que o reclamante não é um doutor no sentido estrito e, portanto, não deveria ser assim tratado:

> *"Doutor" não é forma de tratamento, e sim título acadêmico utilizado apenas quando se apresenta tese a uma banca e esta a julga merecedora de um doutoramento.* Emprega-se apenas às pessoas que tenham tal grau, e

> mesmo assim no meio universitário. Constitui-se mera tradição referir-se a outras pessoas de "doutor", sem o ser, e fora do meio acadêmico." [...] vale lembrar que "professor" e "mestre" são títulos exclusivos dos que se dedicam ao magistério, após concluído o curso de mestrado.

Por exigir algo a que não tinha direito, o reclamante fica em situação muito desconfortável. O juiz, então, mostrou, pela incompatibilidade, que a tese de adesão inicial, com a qual o auditório previamente concordara, é incompatível com o desejo do reclamante, pois o direito considerado não é direito de fato. Retomou o argumento do outro colega para mostrar, de forma lógica, que tal argumento se volta contra ele mesmo (retorsão). O resultado é visível: ao entrar em conflito com uma opinião já aceita, sem justificativa, uma contradição torna-se ridícula. A incompatibilidade, por sua vez, expõe ao ridículo aquele a quem é imputada. O maior exemplo deste uso é a ironia.

O ridículo, afirma Perelman (1996), é tudo aquilo que merece ser sancionado pelo riso. Trata-se de uma forma de condenar um comportamento excêntrico, que não se julga bastante grave ou digno de ser reprimido por meios violentos.

Como se viu, a argumentação pela incompatibilidade se enquadra entre os argumentos quase lógicos porque as premissas propostas podem ser refutadas.

A identidade e a definição

Observe-se o exemplo:

> *"Doutor" não é forma de tratamento, e sim título acadêmico utilizado apenas quando se apresenta tese a uma banca e esta a julga merecedora de um doutoramento.*

> Emprega-se apenas às pessoas que tenham tal grau, e mesmo assim no meio universitário. Constitui-se mera tradição referir-se a outras pessoas de "doutor", sem o ser, e fora do meio acadêmico.

O autor enfatiza o que há em comum entre os elementos a que se aplicam (doutor por tratamento e doutor por mérito acadêmico) por meio de uma definição (chamada descritiva), que consiste em indicar qual o sentido conferido a uma palavra em certo meio, num certo momento.

O procedimento mais característico de identificação completa encontra-se no recurso da definição, que funciona, pois, como argumento. Nessas definições não há inteira clareza de todos os termos cotejados e são utilizadas tanto para defender como para combater. Perelman classifica as definições em quatro categorias:

- **definições normativas**: indicam a forma em que se quer que uma palavra seja utilizada. Essa palavra pode ter um valor individual ("Daqui para frente tal termo, em meu trabalho, será entendido desta forma"), pode ser uma ordem destinada aos outros e, ainda, uma regra que se crê que deveria ser seguida por todos. Parte sempre de um acordo com o auditório. Trata-se, então, de uma convenção que não é verdadeira nem falsa e basta ater-se a ela durante toda a argumentação para que seja sustentável retoricamente;

> Embora a expressão *"senhor" confira a desejada formalidade às comunicações – não é pronome –*, e possa até o autor aspirar distanciamento em relação a qualquer pessoa, afastando intimidades, não existe regra legal que imponha obrigação ao empregado do condomínio a ele assim se referir.

- **definições descritivas**: São aquelas "reais", que indicam qual o sentido que se atribui a uma palavra, num certo momento, num determinado meio. Podem ser verdadeiras ou falsas, uma vez que podem não descrever realmente o uso;

> Em qualquer lugar desse país, é usual as pessoas serem chamadas de "seu" ou "dona", e *isso é tratamento formal.*

- **definições de condensação**: são definições descritivas que indicam os elementos essenciais de uma definição;

> Os textos literários que apresentam altas frequências do pronome "você", devem ser classificados como *formais.*

- **definições complexas**: combinam, de modo variado, os três tipos citados.

Por haver incompatibilidade semântica entre doutor e "doutor", o autor se vale da definição, pois

> o uso argumentativo das definições pressupõe a possibilidade de definições múltiplas, extraídas do uso ou criadas pelo autor, entre as quais é preciso fazer uma escolha... estando feita esta escolha, seja ela apresentada como óbvia ou seja ela defendida por argumentos, a definição utilizada é considerada expressão de uma identidade (Perelman, 1996: 243).

O caráter argumentativo das definições se potencializa quando, como nos exemplos anteriores, temos definições variadas de um mesmo termo e, por isso, o orador pode fazer escolha por definir apenas as condições suficientes da aplicação de um termo (e não necessariamente as suficientes e necessárias). Em síntese, as definições como argumentos quase lógicos podem conter apenas o que interessa ao orador e podem ser justificadas.

Os argumentos de identidade e definição são caracterizados também pela *indução* e pela *classificação*.

O orador se vale, também, de uma *classificação* para dar fim à questão:

> Constitui-se mera tradição referir-se a outras pessoas de "doutor", sem o ser, e fora do meio acadêmico.

Aqui, o autor classifica o uso do termo nos meios acadêmicos e na tradição. Como veremos a seguir, por regra de justiça, recomenda o uso do termo apenas para os acadêmicos.

A regra de justiça

Também se insere nessa subcategoria dos argumentos quase lógicos a *regra de justiça*, cuja premissa é oferecer tratamento igualitário aos elementos ou situações de uma mesma classe ou categoria. No texto em análise, o autor considera que, por regra de justiça, sejam chamados de doutores apenas aqueles que defenderam tese em uma universidade:

> Emprega-se (o título de doutor) apenas às pessoas que tenham tal grau, e mesmo assim no meio universitário.

Vale-se do mesmo recurso ao considerar que todas as pessoas sérias e honestas merecem ter sua dignidade reconhecida:

> Trata-se o autor de Juiz digno, merecendo todo o respeito deste sentenciante e de todas as demais pessoas da

> sociedade, não se justificando tamanha publicidade que tomou este processo. Agiu o requerente como jurisdicionado, na crença de seu direito. Plausível sua conduta, na medida em que atribuiu ao Estado a solução do conflito. Não deseja o ilustre Juiz tola bajulice, nem esta ação pode ter conotação de incompreensível futilidade. O cerne do inconformismo é de cunho eminentemente subjetivo, e ninguém, a não ser o próprio autor, sente tal dor, e este sentenciante bem compreende o que tanto incomoda o probo Requerente.

Por apresentar como argumento quase lógico o uso do precedente, a regra de justiça fornece o fundamento para que seja possível passar de casos anteriores a casos futuros.

Argumentos de reciprocidade

Se um elevador é público, deve ser para todos, igualmente. Quando alguém quer transformar o público em privado estabelece uma relação assimétrica que pode ser combatida. Os argumentos de reciprocidade visam aplicar o mesmo tratamento a duas situações correspondentes:

> Títulos devem ser conquistados por mérito, não por imposição. Num país em que os poderosos já têm todos os privilégios possíveis — não pagam quase nenhuma taxa, lucram com os juros altos, têm vagas nas garagens, credibilidade no comércio, convites luxuosos e ditam as leis e as notícias dos jornais – é ridículo, injusto e abusivo querer que o elevador público seja de uso exclusivo. Se continuar assim, em breve seremos forçados a subir pelas escadas.

A simetria facilita a identificação entre os acontecimentos e entre seres porque enfatiza um determinado aspecto que parece impor-se em função da própria simetria colocada em evidência.

Argumentos de transitividade

Os argumentos ditos de transitividade vislumbram, como nas relações de implicação, determinadas relações como transitivas:

> Sorridentes, os donos da casa se declararam encantados por ter ele trazido um amigo.
> – Os amigos dos nossos amigos são nossos amigos – disseram saboreando a generosidade da sua atitude. E o apresentaram a outros convidados, amigos e amigos de nossos amigos. Todos exibiram os dentes em amável sorriso.
>
> Fonte: COLASANTI, Marina. *O leopardo é um animal delicado.* Rio de Janeiro: Rocco, 1998, p. 131.

Perelman vale-se exatamente dessa máxima para explicar o argumento de transitividade. Ao dizer que os amigos do amigo merecem tratamento igual ao que se dá ao próprio amigo, o orador demonstra que a amizade possui uma relação transitiva.

Se levantarem objeções – baseados na observação ou numa análise da noção de amizade – o defensor da máxima sempre poderá replicar que é assim que ele concebe a verdadeira amizade, que os amigos verdadeiros devem comportar-se conforme essa máxima (1966: 257).

No exemplo a seguir, o autor considera que existe a mesma relação entre os termos "você" e "senhor". Desse modo, há transitividade no uso de um ou outro sem prejuízo do respeito ao próximo:

> Embora a expressão "senhor" confira a desejada formalidade às comunicações – não é pronome –, e possa até o autor aspirar distanciamento em relação a qualquer pessoa, afastando intimidades, não existe regra legal que imponha obrigação ao empregado do condomínio a ele assim se referir. O empregado que se refere ao autor por "você", pode estar sendo cortês, posto que "você" não

é pronome depreciativo. Isso é formalidade, decorrente do estilo de fala, sem quebra de hierarquia ou incidência de insubordinação. Fala-se segundo sua classe social.O brasileiro tem tendência na variedade coloquial relaxada, em especial a classe "semiculta", que sequer se importa com isso. Na verdade "você" é variante – contração da alocução – do tratamento respeitoso "vossa mercê".

A inclusão da parte no todo

Valoriza o todo apenas pelo aspecto realçado de sua parte. A ideia é: "O que vale para o todo, vale para as partes".

A professora de Linguística Eliana Pitombo Teixeira ensina que os textos literários que apresentam altas frequências do pronome "você", devem ser classificados como formais.

Assim: quando encontrarmos "você" em qualquer parte de um livro ou de vários livros, saberemos que o tratamento é formal (essa regra vale para todos).

O escritor Manoel Carlos valoriza um livro a partir das diversas partes:

O caminho que nos leva a um determinado livro pode ser, muitas vezes, curioso e enigmático. Uma das leituras mais prazerosas que tive em toda a minha vida, ao redor dos meus 17, 18 anos, foi a de *O mito de Sísifo*, de Albert Camus. O que me levou a ele foi a leitura de uma reflexão de Píndaro, poeta grego que viveu em torno do ano 500 a.C.: "Ó minha alma: não aspires à vida imortal, mas esgota o campo do possível". Além das referências que eram feitas ao grande poeta, a nota informava ser essa reflexão a epígrafe do citado livro de Camus. Fiquei tão impressionado com a frase que fui levado, velozmente, não a uma biografia de Píndaro ou à leitura dos seus poemas, mas precisamente a *O mito de Sísifo*, um livro do qual, até hoje, nunca me separei.

Fonte: http://educarparacrescer.abril.com.br/leitura/manoel-carlos-livros-474855.shtml. Acesso em: 5 maio 2010.

No exemplo anterior, pode-se perceber também que há uma afirmação implícita: o todo engloba as partes e, por conseguinte, é mais importante que elas.

A divisão do todo em partes

Fragmenta o todo a fim de provar a existência ou não de uma de suas partes (ou o próprio todo), ou, ainda, enfatizar a sua existência ou criar um dilema. Esse argumento não é raro nas propagandas contemporâneas:

Nokia N95 8GB – Elegância, Qualidade e Conforto

Imagine chegar numa reunião com um cliente importante e exibir seu trabalho através de um filme, diretamente na televisão do escritório dele, mostrar um *slide* show com fotos de alta qualidade de seus produtos, ou ainda acessar seu site e ter a possibilidade de mostrar os excelentes recursos multimídia que tornariam qualquer apresentação perfeita e altamente atraente. Certamente você está pensando que para fazer tudo isso seria necessário levar um monte de aparelhos para essa reunião e você acabaria parecendo um nerd atolado.

Mas você está completamente enganado. A Nokia proporcionou aos profissionais que precisam de um bom suporte multimídia uma filmadora com qualidade VGA, uma máquina fotográfica digital de excelente capacidade (5 Mega Pixels), além de um magnífico *media player*. Tudo isso resumido num aparelho pequeno, bonito e dotado de uma tela de quase três polegadas: O Nokia N95 8 GB.

Fonte: http://www.novidadesdeinformatica.com.br/tecnologia/ nokia-n95-elegancia-qualidade-conforto. Acesso em: 5 maio 2010.

Argumentos de comparação

Cotejam-se vários objetos para avaliá-los um em relação ao outro. A ideia de medição está subjacente nesses enunciados, mesmo que os critérios para medição estejam ausentes. Por isso, são quase lógicos.

No texto *Confissões de Aninha*, de Cora Coralina, a autora compara ações humanas e deixa ao auditório a incumbência de avaliar a comparação:

> Estava ali no comércio pedindo um auxílio para levantar novo rancho e comprar suas pobrezinhas.
> O homem ouviu. Abriu a carteira tirou uma cédula, entregou sem palavra.
> A mulher ouviu. Perguntou, indagou, especulou, aconselhou, se comoveu e disse que Nossa Senhora havia de ajudar. E não abriu a bolsa.
> Qual dos dois ajudou mais?
>
> Fonte: CORALINA, Cora. *Vintém de cobre: meias confissões de Aninha*. São Paulo: Global, 2001, p. 174.

Perelman ensina que o argumento de comparação pode dar-se por oposição, por ordenamento, e por ordenação quantitativa.

Argumentos pelo sacrifício

É um argumento de comparação que ressalta o sacrifício a que se está disposto a sujeitar-se para obter um resultado.

> Todos os argumentos quase lógicos pretendem ter validade em virtude de seu aspecto racional: aparentam-se com certas fórmulas matemáticas, lógicas.

Argumentos baseados na estrutura do real

Valem-se da realidade para estabelecer as conexões que o orador pretende estabelecer com seu auditório. Uma vez que estão calcados nas ligações entre as coisas e fatos, não se apoiam na lógica, mas na experiência, nos elos reconhecidos entre as coisas. Nesses argumentos, importa mais explicar do que implicar.

> – Os argumentos baseados na realidade (na estrutura do real) são aqueles cujo fundamento encontra-se na ligação existente entre os diversos elementos da realidade. Uma vez que se admite que os elementos do real estão associados entre si, em uma dada ligação, é possível fundar sobre tal relação uma argumentação que permite passar de um destes elementos ao outro. Podem ser *de sucessão ou coexistência.*
>
> – Os argumentos por sucessão são aqueles que dizem respeito à relação de causa e efeito. Destaca-se o argumento pragmático, que atribui o valor de uma tese aos resultados causados por sua adoção.
>
> – Os argumentos por coexistência dizem respeito às relações que envolvem realidades de ordens diferentes, em que uma seja a essência e a outra a manifestação exterior dessa essência. É o argumento que procura associar o caráter de uma pessoa a seus atos.

Ligações de sucessão

Pressupõem um vínculo causal entre acontecimentos sucessivos seja pela evidência de um efeito ou pela descoberta de uma causa. Requerem um acordo entre os interlocutores sobre os motivos de ação e hierarquização.

Se dissermos, por exemplo, que um canal de televisão sempre traz a notícia antes de todos os outros e com muitos detalhes, infere-se que o seu serviço de jornalismo é competente e que, como tem sido sempre assim, assim será no futuro. Esse argumento, porém, não se sustenta como demonstração científica. Como é apenas provável, apenas estabelece juízo de valor, relaciona causa e consequência ou vice-versa. Trata-se de uma ligação de sucessão que se sustenta no discurso pragmático.

O argumento pragmático

É uma ligação de sucessão que permite analisar algo a partir de suas consequências favoráveis ou desfavoráveis: *É bom abrir a piscina, pois o verão chegou. Não me maltrate porque sou muito frágil.* O argumento pragmático inspira credibilidade porque é bastante verossímil. É sobre ele que o utilitarismo fundamenta seus valores: o que é bom, é útil à maioria. Como diz Reboul, "verdade é a crença que nos presta serviço" (1998: 174).

> Segundo o *ministro*, "não há evidências, por enquanto, de que o vírus tenha atingido outras pessoas. Ou seja, o vírus não circula no Brasil", o que mostra que a situação está sob controle.
>
> Fonte: http://www.gripesuina.net.br/2009/05/brasil-confirma-4-casos-de-gripe-suina/. Acesso em: 23 jun. 2009.

Quando uma ligação fato-consequência é constatada, a argumentação ganha validade, seja qual for a legitimidade da própria ligação. O argumento pragmático tem suas fraquezas: normalmente fala da consequência: o vendedor de seguros falará dos benefícios de compra de seu produto e não do preço implicado.

A ciência recusa a finalidade, mas ela é importantíssima nas relações humanas. Na nossa sociedade é comum argumentar fundamentado na ideia de que o valor de alguma coisa depende do fim a ser atingido (os fins justificam os meios). Tais argumentos não exprimem o "porquê", mas o "para quê". É o caso do argumento pelo desperdício.

O argumento do desperdício

Refere-se à sucessão dos argumentos e consiste em dizer que, uma vez que já se iniciou algo, cumpre prosseguir na mesma direção. Nada é supérfluo: "Se pararmos a greve agora, todos os esforços anteriores terão sido inúteis". "Não é justo parar a faculdade agora. Seu pai já investiu muito trabalho e dinheiro para você estudar!"

O argumento de direção

Estabelece relação causal entre os fins e os meios – o ponto de vista é, ao mesmo tempo, parcial e dinâmico. Pretende tornar uma ação solidária aos procedimentos posteriores.

> Por que não continuar a negociação? Ainda que possamos, perderemos a causa, e que nos digam que todos os outros funcionários já assinaram o acordo de redução de jornada de trabalho, já resistimos até aqui e o jeito é continuar para que não sejamos chamados de fracos no futuro.

Aparece comumente nas negociações, quando, por exemplo, patrões e empregados têm causas diferentes, quando não se quer ceder à força, quando existe ameaça ou chantagem.

O argumento de superação

Ao contrário do argumento de direção, o argumento de superação pretende exaltar a finalidade. Parte de uma insatisfação inerente ao valor de algo. Os obstáculos são vistos como passos necessários para atingir um determinado fim. Uma vez que se iniciou algo, é melhor ir até o fim para não perder tempo, o investimento já empregado.

A canção interpretada por Ivan Lins é um bom exemplo de argumento de superação:

Desesperar, jamais
Aprendemos muito nesses anos
Afinal de contas, não tem cabimento
Entregar o jogo no primeiro tempo
Nada de correr da raia
Nada de morrer na praia
Nada! Nada!
Nada de esquecer
No balanço de perdas e danos

Já tivemos muitos desenganos
Já tivemos muito que chorar
Mas agora, acho que chegou a hora
De fazer valer o dito popular
Desesperar, jamais
Cutucou por baixo, o de cima cai
Desesperar, jamais
Cutucou com jeito, não levanta mais

Fonte: http://ivanlins.uol.com.br.
Acesso em: 5 maio 2010.

O argumento de superação, como se vê, implica a existência de uma série de etapas direcionadas para um objetivo, normalmente temido. Por outro lado, revela a impossibilidade de deter, de parar o processo já iniciado, uma vez que já se tomou o caminho que conduz ao objetivo.

Ligações de coexistência

Unem duas realidades de nível desigual em que uma é mais fundamental, mais explicativa do que a outra. O caráter mais estruturado de um dos termos é que distingue essa espécie de ligação.

O argumento de autoridade

O prestígio, o caráter, o *ethos* da pessoa citada é fator crucial para a validação das intenções. Os discursos dos competentes sustentam esse argumento, muito comum: *Se é Bayer, é bom.*

O argumento de hierarquia dupla

A hierarquia dupla exprime, normalmente uma ideia de proporcionalidade, direta ou inversa, ou pelo menos um vínculo entre termo e termo. Definições como Fulano é mais rico do que Beltrano recorrem ao argumento de hierarquia dupla, haja vista que a valoração de ambos é que proporciona a comparação.

Argumentos que fundamentam a estrutura do real

Os argumentos que fundam a estrutura do real são aqueles que "generalizam aquilo que é aceite a propósito de um caso particular (ser, acontecimento, relação) ou transpõem para um outro domínio o que é admitido num domínio determinado" (PERELMAN e OLBRECHT-TYTECA 1996: 297). Valem-se do exemplo, do modelo, da analogia e da metáfora.

São aqueles que lidam com as argumentações fundamentadas pelo recurso ao particular, em três maneiras distintas, a saber:

- *como exemplo*: permite uma generalização, tem como função fundamentar uma regra;
- *como ilustração*: embasa uma regularidade já estabelecida, reforçando-a;
- *como modelo (ou antimodelo)*: incentiva ou evita a imitação inspirada em um caso particular.

Também é incluído nesse tipo de argumentação o raciocínio por analogia, para o qual a metáfora é a maior tradução. A analogia é a semelhança de relações entre dois pares de termos. Na sua concepção, a estrutura da analogia reside no confronto de estruturas semelhantes, embora pertencentes a áreas diferentes. Os pares são distintos: um, mais conhecido, denominado *foro*, serve de apoio para o raciocínio que será estabelecido. Outro, menos conhecido, denominado *tema*, conduz à conclusão.

Procedimentos de dissociação

> Os *argumentos por dissociação* são aqueles que procuram solucionar uma incompatibilidade do discurso para restabelecer uma visão coerente da realidade. A dissociação resulta da depreciação do que era até então um valor aceito.

São estabelecidos acordos que compreendem a noção de verdade se, e somente se, forem coerentes com determinados grupos.

Ad hominem: é o argumento que serve à opinião particular ou do grupo. Uma subdivisão do argumento *ad hominem* está no argumento *ad personan*, notadamente um ataque à pessoa do adversário para desqualificá-lo.

Ad humanitatem: o que serve para toda a humanidade: *todo homem tem direito à liberdade.*

Petição de princípio: supor, no discurso, que o interlocutor já aderiu a uma tese que o orador justamente se esforça por fazê-lo admitir. É falacioso no caso da não adesão do auditório. É manobra usada por quem, muitas vezes, não tem como comprovar o que diz.

Terminamos com os versos de Cecília Meireles, muito oportunos para nossos propósitos neste pequeno livro:

Ai, palavras, ai, palavras,
Que estranha potência a vossa!
Ai, palavras, ai, palavras,
Sois de vento, ides no vento,
No vento que não retorna,
E, em tão rápida existência,
Tudo se forma e transforma!

Fonte: MEIRELES, Cecília. *Os melhores poemas de Cecília Meireles*. 11. ed. São Paulo: Global, 1999, pp. 143-6.

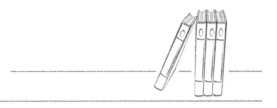

Bibliografia

ALBALADEJO, Tomas. *Retórica*. Madri: Sintesis, 1991.
AMOSSY, Ruth (org.). *Imagens de si no discurso*. São Paulo: Contexto, 2005.
ARISTÓTELES. *Arte retórica*. Trad. Antonio Pinto de Carvalho. 15. ed. Rio de Janeiro: Tecnoprint, s/d.
_____. *Dos argumentos sofísticos*. Trad. Leonel Vallandro e Gerd Bornheim, São Paulo: Nova Cultural, 1991a.
_____. *On Rhetoric*. New York: Oxford University Press, 1991b.
_____. *Tópicos*. Lisboa: Guimarães Editores, 1987, v. V – Organon.
BARILLI, Renato. *Retórica*. Lisboa: Presença, 1987.
BARTHES, R. *Aula*. 7. ed. São Paulo: Cultrix, 1996.
_____. *A aventura semiológica*. Lisboa: Edições 70, 1985.
_____. *Mitologias*. São Paulo: Difel, 1980.
BORDELOIS, Ivonne. *Etimologia das Paixões*. Rio de Janeiro: Odisseia, 2007.
CARRILHO, M. M. (coord.) *Retórica e comunicação*. Lisboa: Asa, 1994.
CITELLI, Adílson. *Linguagem e persuasão*. São Paulo: Ática, 1989.
COLLARD, Gilbert. *A arte de se exprimir em todas as circunstâncias*. Lisboa: Estampa, 1999.
DIXON, Peter. *Rhetoric*. London: Methuen, 1971.
DUBOIS, Jacques. *Retórica geral*. São Paulo: Cultrix, 1974.
DUCROT, O. *Provar e dizer*. São Paulo: Global, 1981.

FIDALGO, António. *Definição de retórica e cultura grega*. Disponível em: www.bocc.ubi.pt. Acesso em: 5 maio 2010.
GOFFMAN, Erving. *A representação do eu na vida cotidiana*. Petrópolis: Vozes, 1985.
_____. *Interaction Ritual*. New York: Anchor Books, 1967.
HALLIDAY, Tereza Lúcia. *O que é retórica*. São Paulo: Brasiliense, 1990.
_____ (org.). *Atos retóricos*. São Paulo: Summus, 1988.
HOMERO. *Odisseia*. Trad. Carlos Alberto Nunes, 4. ed. São Paulo: Melhoramentos, 1992.
JAPIASSÚ, Hilton; MARCONDES, Danilo. *Dicionário básico de filosofia*. 2. ed. Rio de Janeiro: Jorge Zahar, 1991.
JEANNIÈRE, A. *Platão*. Trad. Lucy Magalhães. Rio de Janeiro: Jorge Zahar, 1995.
KENNEDY, G. *The Art of Persuasion in Greece*. New Jersey: Princeton University Press, 1963.
LAUSBERG, Heinrich. *Elementos de retórica literária*. Lisboa: Calouste Gulbenkian, 1966.
LOPES, E. *Metáfora*: da retórica à semiótica. São Paulo: Atual, 1996.
MEYER, M. *Logique, langage et argumentation*. Paris: Hachette, 1982.
_____. *A retórica*. São Paulo: Ática, 2007.
_____. *Questões de retórica*: linguagem, razão e sedução. Lisboa: Edições 70, 1998.
MOSCA, L. L. S. A teoria perelmaniana e a questão da afetividade. In: OLIVEIRA, E. C. (org.). *Chaim Perelman*: direito, retórica e teoria da argumentação. Feira de Santana: Universidade Estadual de Feira de Santana, 2004.
_____ (org.). *Retóricas de ontem e de hoje*. São Paulo: Humanitas, 2004.
OSAKABE, Haquira. *Argumentação e discurso político*. São Paulo: Kairós, 1979.
PERELMAN, Chaïm. *O império retórico*. Porto: ASA, 1993.
_____. *Retóricas*. São Paulo: Martins Fontes, 1997.
_____; OLBRECHTS-TYTECA, Lucie. *Tratado da argumentação*: a nova retórica. São Paulo: Martins Fontes, 1996.
PINKER, Seven. *Do que é feito o pensamento*. São Paulo: Companhia das Letras, 2008.
PLANTIN, C. *Essai sur l'argumentation*. Paris: Kimé, 1990.
_____. *L'argumentation*. Paris: Presses Universitaires de France, 2005.
PLATÃO. *Górgias*. 3. ed. Rio de Janeiro: Bertrand Brasil, 1989.
PLEBE, Armando. *Breve história da retórica antiga*. São Paulo: EPU; Edusp, 1968.
_____; EMANUELE, Pietro. *Manual de retórica*. São Paulo: Martins Fontes, 1992.
REBOUL, O. *La Rhétorique*. Paris: PUF, 1970.
_____. *Introdução à retórica*. São Paulo: Martins Fontes, 1998.
ROBRIEUX, J.J. *Élements de Rhétorique et d'Argumentation*. Paris: Dunod, 1993.
RODHEN, Luiz. *O poder da linguagem: a arte retórica de Aristóteles*. Porto Alegre: Edipucrs, 1997.
ROHDEN, Huberto. *O caminho da felicidade*: curso de filosofia de vida. São Paulo: Martin Claret, 2005.
ROSTOVTZEFF, M. *História da Grécia*. 2. ed. Rio de Janeiro: Zahar editores, 1977.
SENGER, Jules. *A arte oratória*. São Paulo: Difusão Europeia do Livro, 1960.
TORDESILLAS, Alonso. *Perelman, Platão e os sofistas*: justiça e "retórica nova". In: *Reflexões*, n. 49, PUCCamp, Campinas, 1991.
TRINGALI, Dante. *Introdução à retórica*. São Paulo: Duas Cidades, 1998.
VIGNAUX, G. *L'Argumenttio: essai d'une logique discoursive*. Genève: Droz, 1976.

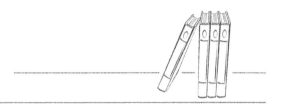

O autor

Luiz Antonio Ferreira é doutor em Educação pela USP (Universidade de São Paulo), onde realizou também seu mestrado. Possui graduação em Letras, Português-Inglês, pela Faculdade de Filosofia, Ciências e Letras Farias Brito (1973).

Atualmente é professor titular do Departamento de Português da Pontifícia Universidade Católica de São Paulo e professor colaborador do Mestrado em Linguística da Unifran.

Publicou diversos artigos sobre retórica e tem experiência na área de Letras, com ênfase em Língua Portuguesa. Suas pesquisas enfocam os seguintes temas: metodologia de ensino de línguas, língua portuguesa, retórica, linguística e ensino-aprendizagem.

A FORÇA DAS PALAVRAS
dizer e argumentar

Ana Lúcia Tinoco Cabral

Linguagem é comunicação. E comunicar-se não é somente transmitir informações, mas também dar ordens, fazer pedidos, dar explicações: persuadir o outro. Neste livro, a autora mostra como a argumentação se insere na língua e, mais especificamente, como a persuasão é inerente às palavras. Ao fazer uma investigação de marcas linguísticas de argumentação, o livro fornece conceitos que envolvem o tema através de exemplos variados e, ao mesmo tempo, oferece sugestões para a prática do ensino da escrita.

CADASTRE-SE
EM NOSSO SITE,
FIQUE POR DENTRO DAS NOVIDADES
E APROVEITE OS MELHORES DESCONTOS

LIVROS NAS ÁREAS DE:

História | Língua Portuguesa
Educação | Geografia | Comunicação
Relações Internacionais | Ciências Sociais
Formação de professor | Interesse geral

ou
editoracontexto.com.br/newscontexto

Siga a Contexto
nas Redes Sociais:
@editoracontexto